好想法 相信知識的力量

the power of knowledge

寶鼎出版

今天也不想上班

珍愛生命，遠離公司

井上智介 著

李靜宜 譯

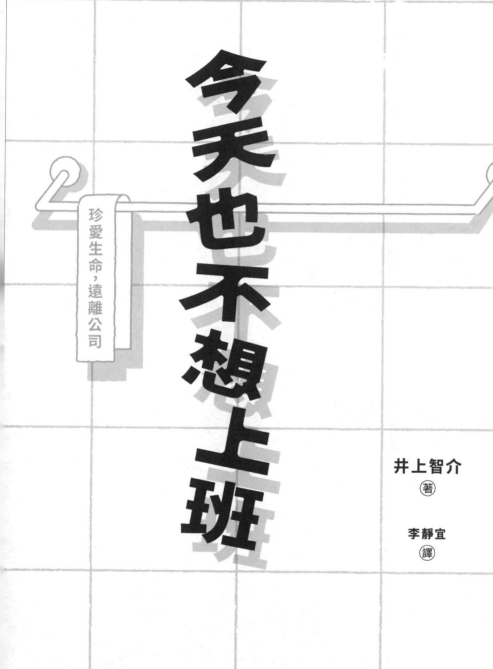

目錄

1 你感到痛苦，是因為已經努力到了極限

2 內心發出危險訊號時的處理方式

3 身體發出危險訊號時的處理方式

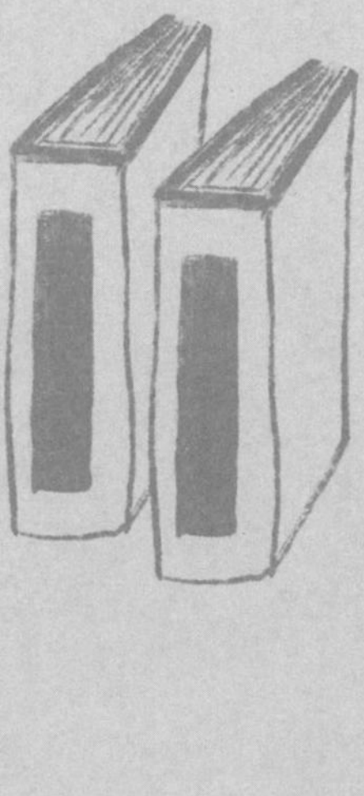

4

從無法辭職的執念中得到解放的人

5

沒辦法再努力下去時的休息方法

6

「這家公司很糟，所以我想辭職！」這時候你需要知道的事

前言

「放假時很有活力，但一到要上班就覺得痛苦。」

「一直工作得很辛苦，雖然不想哭，但不知不覺就流下淚來。」

「我知道只要辭職，就能逃離我真的很厭惡的人際關係和超過負荷的工作量，可是，同事都還在拚命努力，我不能自己逃跑，應該更努力才對。」

你也像這樣，覺得目前的「工作」或「公司」不是自己的歸屬而陷入困境嗎？

有些人面對嚴苛的勞動條件、強勢高壓的主管或前輩，或是複雜敏感的人際關係時，會覺得「這公司不能再待下去」，但又「擔心沒收入」、「找不到下一份工作」、「不確定辭職後狀況真的能改變」，所以對辭職感到不安，無法採取行動。本書就是為這些人而寫的。

不管是「現在就想辭職」的人，或是「哪天可能會辭職，不過想知道如何在公司待下去」的人，都適合讀這本書。

不好意思，遲至現在才介紹自己。我是職醫*以及精神科醫師井上智介。

平常，我是以精神科醫師的身分在診所看診，同時，作為一位

*全名為「職業醫學科醫師」，負責維護工作場所的健康和安全標準，包括疾病和傷害的預防和治療，協助員工以身心更安全適當的方式工作。自二〇二二年起，臺灣法規規定員工數達五十人以上的公司，需由特約醫護人員辦理臨場健康服務。

職醫，每個月造訪三十家以上的公司，為它們的員工提供諮詢，這些員工的煩惱主要是職場人際關係等問題，我會藉由對話給予他們心理上的照護。

我跟這些各懷不同煩惱的人談話時，其中不少人對自己狀況不佳的事實已有自覺（「我應該休息一下比較好……」、「要讓這種痛苦消失，看來只有辭職一途……」），但又深感煩惱（「不過，我不能休息……我不能辭職……」）。

有人可能會覺得，「既然想辭職，那辭職不就好了？」不過，事情沒那麼簡單，當事人心裡會有許多糾結。我想，我做的事就是為他們逐一解開心結，讓他們開始能接受自己休息或辭職吧。

確實，辭職之於人生，是一個重大決定，會煩惱、痛苦、糾結是理所當然的。而且，如果想辭職的理由不是為了提升自我，而是負面的原因時，更令人不好受。

人原本就有藉由團體歸屬感來消除孤獨與孤立感的需求。辭去工作，就無法滿足這個需求，讓人感到強烈不安。所以，很多人即使身體明顯出狀況，也無法輕易做出決定。

不過，由於太晚做出「辭職」、「逃離危險狀況」的決定，導致心靈嚴重受創而來我診所看診的人很多。正因如此，我不希望再有任何一個人發生這種情況。

所以，本書要說明的是，我平常看診時告訴公司員工和患者的「能消除辭職的不安與糾結的心理準備和方法」。

之前為此煩惱的人，後來也都向我回饋許多正面意見，像是「原來這種事也能交給醫生啊」、「我能清楚預見辭職後的生活，不安的感覺也消失了！」。

正因為我是職醫，看過很多公司，才能這麼告訴你：公司是不會幫助你的。

勞動條件嚴苛、不重視員工的公司自然不用說，但很遺憾，就算公司像一個大家庭般，同事能在工作上互相協助也一樣，不可能連你的健康都照顧。真要說的話，這種公司的同儕壓力更大，對未能融入其中的人而言，會成為一個自己漸漸遭受排擠、很難待下去的環境。

當然，公司裡可能會有人為你擔心，但公司作為法人，原則上是一個營利組織。「如果身體不好，就去好好治療吧。要是身體狀況不好，無法為公司帶來利益，就不能待在這裡了，請保重。」這就是公司的立場，公司就是這樣的地方。

不論身處在什麼樣的公司，能幫助你的，就只有你自己。為了保護自己的身體，現在請正視你自己的狀況。然後，接受醫師診斷、休息、離職——為了你的幸福，請試著實踐本書的內容。

不過，倒也不用把公司當作敵人，覺得非馬上辭職不可，或是認為公司果然是個可怕的地方，心生恐懼。並非所有公司都那麼糟，有些公司不是不好，只是不適合你罷了。

首先，請放輕鬆，感到痛苦時，就瀏覽一下本書目錄與內文中特別強調的句子吧。

1

你感到痛苦，是因為已經努力到了極限

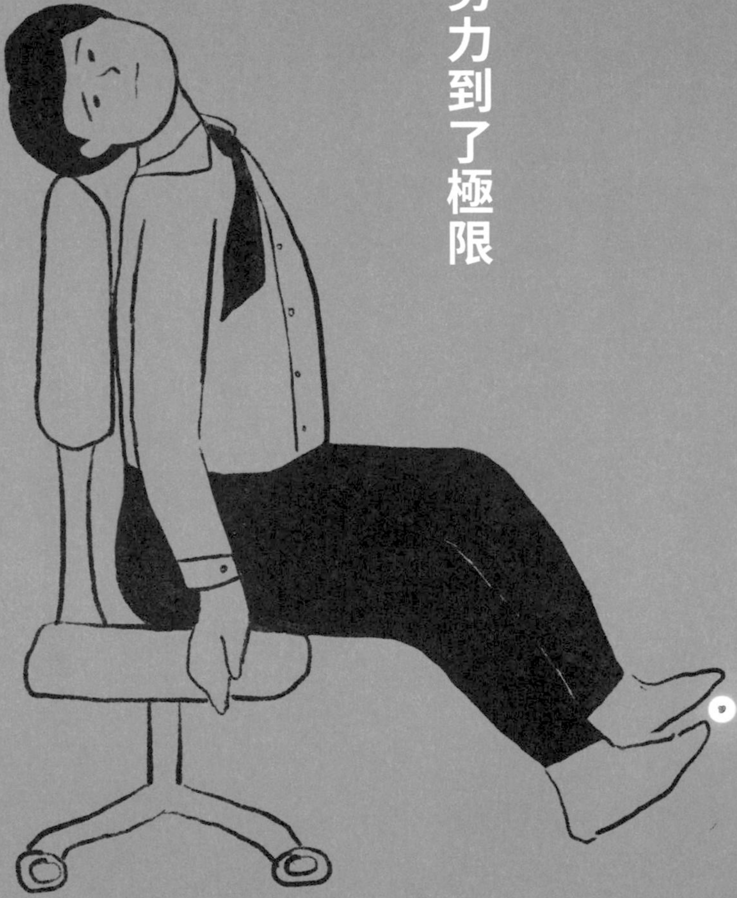

或許你已經努力過頭了？

我經常說「人生六十分就及格」，這道理用在工作上也一樣。那些樂在工作，能在同一家公司待很久的人，平常工作時都會保留一點力氣。我真心希望大家也都能用這種態度工作。

有句話經常出現在準備考試的情境中：「為了考一百分，必須以考一百二十分為目標。」不過，這種話只是為了激勵自己達成該達成的目標，跟一般工作狀況不同。尤其是業務員這類必須追求數字目標的人，經常會把達成百分之一百二十作為目標。

但如果平常工作只用百分之六十的力氣，等遇到結算日或特別忙碌的時期，就能比平常更拚，發揮出百分之八十或是百分之百的力氣。要是平常就火力全開，等遇到關鍵時刻，就會很快耗盡能量，如同車子熄火一般。這時，請不要責備自己「不能堅持努力到最後」、「無法完全履行職責」，而是要察覺到「可能是自己平常努力過頭了」。

話雖如此，如果是一直以來都百分之百投入、拚命工作的人，即使跟他說：「你只要用百分之六十的力氣就好」，他也會不知道該怎麼做。

「是要我偷懶的意思嗎？」、「是我之前表現得不好，所以現在要下調工作目標嗎？」他們會感到困惑，或許還會產生疑問：「那我一直以來到底做得好不好？」

也有人會認為「我是投入百分之百的力氣，才勉強能達到公司期待的」、「只投入百分之六十，公司一定會覺得我能力很差，把我給踢走！」

不過，並沒有什麼工作或職場值得你搞壞自己身體去守護。

如果感覺到心靈或身體已經在哀號，就請思考一下以現在六成力氣工作的方法。如果你的工作不允許你如此，我建議你可以申請留職停薪、換部門，或是離職，然後再重新開始，以調整原本「以百分之百氣力工作的態度」。

將你逼到窘境的負面想法

身處難以忍受的嚴苛情境，卻一直忍耐，覺得不能辭職的人，往往有否定自己的傾向。

「做到這種程度是理所當然，沒有好成績是我不夠努力。」

「大家都很辛苦，要我自己一個人偷懶，或是拒絕加班、拒絕假日去上班什麼的，我絕對做不到！」

「我其實真的很想說我好累，但又覺得不應該說這種消極的話。」

你是不是也有過以上這些想法？

乍看之下，這些都是認真又執著的想法。如此努力的人，多半也都被公認為「一輩子努力工作的好人」。

不過，請等一下！這些思維中，都存在著有點令人擔心的共通點。

那就是，認為「有問題的是自己」、「原因在我身上」，以及用「負面思考」來鞭策自己。

在身心狀況還算不錯時，對自己的負面評價，有可能成為激勵自己的動力——「好，我怎麼能輸呢？」、「我要提升自己！」

不過，**在已經十分努力，身心俱疲時，就會帶來反效果。**

自我否定會帶來新的壓力。「我明明知道該怎麼做，為什麼就是做不到呢？」這種壓力又會緊緊束縛你。

這種狀態很令人擔憂。

你所認為的正確道理，不會將你逼到無路可走的狀態吧？

明明腦子知道該怎麼做，卻無法執行時，請不要否定自己，而是去思考「自己是不是累了」。

在我看來，很多人的問題在於並沒有發現自己身心疲憊的事

實。或者應該說，他們雖然隱約感受到了，卻裝作沒發現。

狀況好的人才能正向思考

當你因為公司或工作的事煩惱，找人商量，可能會聽到一些好像不是那麼在意你情緒的回應，像是「你要正面思考一點，這樣比較輕鬆喔」、「你不要太在意主管或前輩的話，只要抱著感謝的心情，覺得他們是關心你就好了」。

或者，有人可能會鼓勵你：「只要能克服這個難關，你就會有突破性的成長，就試著再努力一下吧。」

不過，就算聽到的話多麼正向，若是你完全無法接受，反倒有可能在聽了之後，更覺得難以負荷，出現否定的情緒：「這些事我都知道」、「就是做不到才煩惱啊……」，到最後，對提出建議的人感到不滿：「你根本不瞭解我的心情！」

請記住一點：人類的大腦，就是有負面思維和情緒會勝過正面

思維和情緒的傾向。

與正面思維和情緒相比，負面的一方就是比較容易留在記憶裡，這是我們大腦的特質，是人類的一種生存本能、防衛本能。因為如果不記住負面經驗，下次再發生同樣狀況時，我們就無法好好應對。

當痛苦一直持續，或是發生讓人精神嚴重受創的事情時，不論是誰，腦中都會充斥著負面想法：「接下來會不會又發生什麼不愉快的事？」只有在即使想像得到的壞事發生，我們也能應付狀況時，才有心力能正面思考。

所以，不需要勉強自己變得正面，不去克服煩惱和課題也沒關係。我想，你已經為了解決煩惱和課題一直努力至今，在無論如何就是無法正面積極時，就放鬆力氣，試著休息一下吧。

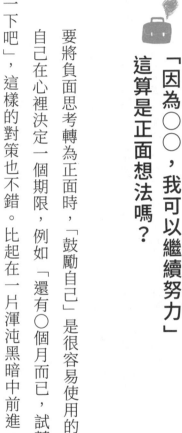

「因為〇〇，我可以繼續努力」這算是正面想法嗎？

要將負面思考轉為正面時，「鼓勵自己」是很容易使用的方法。自己在心裡決定一個期限，例如「還有〇個月而已，試著堅持一下吧」，這樣的對策也不錯。比起在一片渾沌黑暗中前進，設定期限比較能讓人朝著正面的方向轉變心情。

如果沒有拖延問題，真的能在「〇個月」後得出結論的話，可說是最好不過的狀況吧。

不過，像是用「回家後看到貓，我就覺得好療癒，所以撐得下去」，或者「睡覺前打電動紓壓就好了」等個人喜好來支撐自己，又或是以「有很多比我辛苦的同事」這種與他人比較來企求心靈安定的方法，就有點令人擔心。乍看之下，這種思考角度雖然很正面，但本質上很奇怪。

沒有「貓」、「電動」或是「比自己辛苦的同事」就無法工作的話，那麼，你自己的狀態或許比你想像中還更接近崩潰邊緣。

「就算A不行，還有B」的這種思維，終究就是在忍耐自己面臨的處境，不管如何利用其他事物轉換心情，「A不行」的狀況依然存在。

我認為，這麼想的你是處於鞭打自己、擠出最後一點氣力與體力的階段。你就站在懸崖邊，顫顫巍巍地撐著。

所謂的「懸崖邊」，換句話說，就是每個人各自的臨界點、極限。我們經常使用「超越極限」、「挑戰極限」這樣的表達方式。

不過，對我這樣的精神科醫師來說，我認為極限是絕對不可跨越的。一旦跨越，可能會出現身心症狀，造成日常生活的障礙。

在接近這個臨界點時，我們的身心會發出「危險訊號」。請不要自欺，依據第二、三章的「危險訊號」來判斷你的感受。

為什麼這麼難工作？職場「氛圍」所帶來的壓迫感

不論公司或學校，由一群人聚集所形成的組織，就會產生一種那個組織的氛圍。例如，「就是讓人很難開口說想請特休的公司氛圍」或是「業績至上的氛圍」，這種氛圍會影響組織成員，有時候會轉變為「同儕壓力」，讓意識到這種氣氛的人感受到壓力。

決定團體氛圍的，是聚集在一起的人一致的價值觀。

比方說，我想很多人從小就被灌輸「人人平等」的概念，不過，應該也有很多人覺得「那只是場面話」。

從現實來看，有的孩子智商高，有的孩子體育全能，每個人的能力高下和具備的才能都不一樣。有些孩子身體強壯，也有些孩子雖然很注意身體，但就是容易感冒。儘管如此，在「平等」的前提下，每個孩子都接受相同的考試，考不好的時候，老師還會說「你要再努力一點」。

此外，日本一直存在著「年功序列」這種依年資加薪與升遷的潛規則。這也暗示上下關係比什麼都重要，不管能力與人品如何，總之，「對於年長者、位高者就是必須尊敬、尊重」。

「人人平等」是場面話，「根本不平等」是真實情況；「年功序列」是表面規則，「有些主管我真的無法尊敬」是真實想法。不過，現在都已經邁入二十一世紀、令和年代了，日本也接收許多國際化的價值觀，像是「世上有各式各樣的人，同樣的事，有人適合、有人不適合，會有個人差異是理所當然的」，以及「評估員工，應該是看能力而非看年紀」等。

不過，社會對事情的認知不是那麼容易能夠改變。「每個人有差異是理所當然」，在這樣的場面話裡，隱藏著「只有自己去休息沒問題嗎」這種在意平等的內心想法；在「工作要看能力」的表面規則裡，又潛藏著「要聽從前輩的話」這種真實情況。

就像這樣，表面樣子與真實情況複雜交錯的職場，肯定令人待得很痛苦。

出社會後，「工作上要有一定表現」的責任感和使命感會鞭策我們。這是學生時代沒有過的精神負荷，我們很容易因為無法適當地應對職場氛圍而迷失了自己。

「將喜歡的事當成工作」在社會上難以生存的理由

社會上也一樣存在著所謂的「氛圍」。不知從何時起，人們開始高談「將喜歡的事當作職業的人最酷」。

這是**「將工作神聖化的氛圍」**。

例如，YouTuber 因為「能做喜歡的事又能賺錢，感覺好像很開心」，成為很多人憧憬的對象。

不過，YouTuber 雖說是將喜歡的事當成工作，但也不表示就是每天只做自己喜歡的事。他們要絞盡腦汁想企畫，熬夜編輯影片，這都很辛苦。而且，還無法不在意觀看次數、頻道訂閱數等這些數字。

遇到挫敗或煩惱時，也由於做的是自己喜歡的事，而面臨一種無法說出喪氣話、無法找藉口的「氛圍」。

「只有自我實現的工作才具神聖性」，形成這種氛圍的背景，也可說是與網路資訊社會及社群網路服務（SNS）的普及有關。尤其最近很多人上傳的影片、在社群媒體發布的貼文等，已經不限於個人生活的資訊，與工作有關的部分也愈來愈多。

看到朋友、認識的人發布的文章，我們也可能會受到一些刺激。「之前跟我在同一家補習班的每個人都朝著他們的夢想努力啊」、「他已經得到能去海外出差這麼重要的工作了嗎？」、「他的貼文很受好評啊」。

事實上，發文者只是秀出想讓別人看到的部分，但看的人卻忘記這件事，只覺得「好厲害」、「好羨慕」，這就是社群媒體的魔力。在這個很容易看到他人努力和出色表現的網路社會裡，有愈來愈多人拿自己和別人相比，覺得「不能只有我落後」，因此累積了不少壓力。

另一方面，也有很多人只將工作視為獲取收入的手段，並在私領域中找尋幸福。我們也不能說，他們比起將興趣當工作的人還「不酷」吧？就像網路和社群媒體上的資訊並不代表一個人的全部，工作也不是你人生的全部。

你能這麼做
找回「自己的軸心」

如果社會或公司裡的氛圍讓你覺得有點不太對，那可能是因為你希望能自己思考。

就算周圍的人都說「A」，你也不會無條件跟隨，而是思考「真的是這樣嗎？也是有B的情況不是嗎？」，並想努力找出自己能認同的答案。這可以說是非常自然和為了活得更好而必要的智慧。

日本人習慣迎合周遭的意見，說得更難聽點，是傾向觀察其他人臉色來決定自己的意見和行動。如果有人的意見、行動和團體其他人不同，大家就會覺得他特立獨行，為什麼不能跟大家一樣？

這正是造成職場或社會令人喘不過氣來的「同儕壓力」。

當你受周遭氛圍左右，感覺喘不過氣之際，我希望你先試著想出五十個「喜歡的事、喜歡的東西」，將它們條列出來。

例如，「我喜歡海」、「我喜歡邊看電視邊發呆」、「我喜歡活動身體」、「我喜歡跟少少幾個人一起喝酒」、「我喜歡貓」、「我喜歡溫柔的人」、「我喜歡寬敞明亮的空間」、「我喜歡日式炸雞」、「我喜歡某個人的聲音」等等，什麼都可以。

接著，瀏覽條列出的五十項事物，試著想想，可以從其中看出什麼傾向嗎？如果有，是什麼？這個方法在心理諮商時也會使用，很多時候是要求當事人列出一百個事物，但我覺得五十個就很有效。

如此一來，就能找到「自己的軸心」。這是讓你不受周遭氛圍影響，能自己做判斷的「評價標準」。

例如，「喜歡睡覺」的人，要是工作繁重，必須減少睡眠時間，那就得避免這種工作。如果明明是喜歡團隊合作的人，卻得獨自一人完成工作，也必須與同事競爭，當然就會累積壓力。「喜歡」

的事物呈現出你的個性、嗜好、評斷標準。在檢視自己、做出選擇時，它是值得信賴的顧問，請多利用。

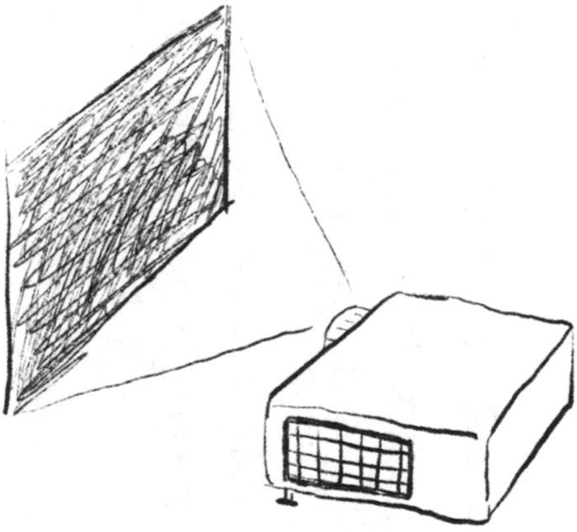

發現危險訊號時
你有「辭職」這個選項

本章最後，是給「知道辭職比較好，卻無法辭職」者的建議。

無法辭職的理由，或許是「缺乏勇氣」、「周遭的人慰留」、「突然沒有收入會很困擾」、「不曉得能否找到下一個工作」、「就算換了新工作，搞不好也是不好的公司」，我想各種情況都有。

不過，就算以上這些理由都加在一起，難道有比你的身體和心靈更重要？

我認為所謂的工作，是為了達成「過著健康幸福生活」這個目的的一種手段。說得更簡單直接些，工作就是賺錢的一種方式。

世界上有許多選擇，你是不是執著於「只能做現在這個工作」這個手段呢？

如果明知「辭職比較好」但還繼續工作，那很有可能，你的身心都已經瀕臨臨界點。

第二十六頁提到，「精神科醫師認為，極限是絕對不可跨越的界線」。若是跨越這條界線，身心就會出現某些徵兆。那是不管你多想努力，都無法達成你的意志，致使身心發出悲鳴求救的「危險訊號」。

危險訊號出現時，請想成是你的身體和心靈都在告訴你：「這種狀態已經無法再繼續！」在第二、三章，我會具體說明危險訊號的種類、內容，以及應對方法。

不過，這些應對方法只能讓你克服當下難關，無法真正解決導致危險訊號的問題。這就像是嚴重受傷時，不去處理造成傷勢的原因，而是只吃止痛藥。

最重要的是要有自覺，知道差不多是該辭去工作的時候了。意識到這一點後，就要盡早為辭職做準備，而且當然不要驚慌，從能做到的事開始，不要把自己逼得太緊。

你現在是笑著的嗎？

2

內心發出危險訊號時的處理方式

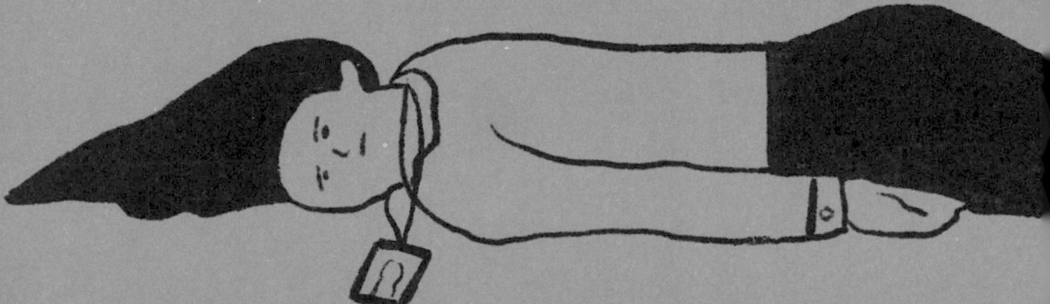

主管很可怕
我不想再去上班了

「面對主管時感覺很痛苦」、「因為主管在，覺得上班好可怕」。有這種想法的人應該很多。事實上，我看診的對象中，也有很多人是不知如何面對主管，所以不想去上班。

職場令人恐懼的最大原因就是人際關係。有些主管說的話很不合理，或是動不動就開罵，遇到這種主管，當然每天上班都很痛苦。

有些人遇到這種情況時會告訴自己「我不應該覺得主管很難應付」、「有沒有什麼方法能跟主管好好相處呢」，於是想討主管歡心，努力得到主管的喜歡。不過，我還沒見過成功的人。

或許……還抱著一絲期待，只會讓你更加身心俱疲。

我想告訴這樣的你，**請不要否定自己「不想上班」的心情**，更不要認為「明明大家都去上班，我卻有不想去的念頭，真的很糟」。「因為害怕，所以不想去」，有這種心情是你為了保護自己而有的自然反應。

你現在該做的事，是採取能「實際與主管保持距離」的行動。

例如與更高層的人士商量、提出調部門的申請等，只要公司內有你能做的事，就試試看。現在不進辦公室也能工作的方法也變多了，你可以探詢一下遠距工作的可能性。

不過，也有可能嘗試後還是無法如願，或是公司人數很少、就算找更高層主管商量也無濟於事等等，事實上的確也會有不太順利的情況。但請不要放棄，你還有辭職這個選項，能讓你跟害怕的主管拉開距離。

戰勝恐懼沒那麼了不起。你的心既然已經告訴你「請保護自己」，你就要坦然順從自己的心。保護自己，必要時就逃避，這點很重要。

害怕自己又挨罵 十分戒慎恐懼

挨主管罵或遭前輩挖苦而感到沮喪時，可能會成為心裡的傷痕，揮之不去。

莫名其妙挨罵固然討厭，但就算原因單純是自己犯錯、做不好工作，理所當然該被提醒，挨罵也一樣令人不快。第二十三頁提到，「人類的大腦，有負面思維和情緒戰勝正面一方的傾向」。在挨罵或聽到討厭的話之前，你就會先擔心「要是再發生的話怎麼辦？」，這是我們為因應他人的負面態度而有的一種防衛姿態，有這種心情理所當然，不必否定。

「挨罵」意味著「別人以他的標準來衡量你」。

對方罵你時使用的標準可能是「比截止時間晚五分，所以不行」、「你沒有照我的期待去做，所以扣分」等等都是減分的方式。別人的挖苦或攻擊性言語，也都是用扣分的方式來評價你。

為抵銷他人的負面評價，你可以試著準備一個稱讚自己的標準。為了不讓別人的扣分打擊你，請使用自己的標準盡量幫自己加分。

請設定一個簡單的標準來讚美自己，為自己加分。例如，「下雨天來上班很棒」，加一分；「早上起床時雖然覺得很懶，還是來公司」，加一分；「工作做得比平常快」，加一分，諸如此類，決定幾個很容易幫自己加分的事項，一天只要拿到三分就算及格。

再者，比方你設定「不搭電梯走樓梯」也可以加一分，那麼，為了達成當日的及格分數，你可能會心想「傍晚下班時很累，那我就早上爬樓梯吧」。就像這樣，你會去多方思考自己一天的行動，也會變得比較積極。請一定要把「為自己加分」當作每天的習慣。

開會、閒聊……在公司裡很難與人對話
希望盡量遠離，保持沉默

跟主管、前輩，或同事、下屬處得不好；開會時想說出漂亮的話，卻不順利……。

誰都曾經有過與公司內其他人溝通不良的情況，不過，要是覺得「再也不想跟任何人說話」、「什麼都不想聽、不想說」，只想讓自己像個隱形人般待在公司，那你現在的情況可能很糟。這是在強烈壓力下，變得不像原本的自己，而有點像是另一個人的時期。

不過，這種情況絕非無可救藥。

跟其他人見面、對話，事實上很消耗能量。本來已經消耗許多能量、感覺疲憊之際，如果還給自己壓力（「雖然好累，但不說話不行」、「我必須跟每個人都好好相處」）是最糟糕的事。如果一再

重複這樣的情況，等到你發覺時，已經進入惡性循環，很快你就會耗盡氣力。

拒絕溝通和選擇獨處並不是壞事，相反地，這是一種**「專注於保留能量」的有益行為**。我希望你以正面的態度看待。

而且，許多人認為不講話＝變得孤立，但事實並非如此。與他人對話的比例，不是五比五也無妨，也可以是八比一或九比一，不會有任何問題。

在你專注於保留能量時，可以將「擅於聆聽」當作目標，將自己在公司的角色定位為「聆聽者」也不錯。正由於是聆聽者，所以不用多開口，只要在別人說話時「是啊，是啊」地附和就很足夠。

或許你把自己現在的狀況想得太悲觀了。請不要自暴自棄，覺得「我就自己一個人好了！」，把自己逼得太緊。

無法好好處理工作
時間就這樣飛快流逝

要處理的工作很多，「這個不趕快做不行」、「不過，那項也不能不完成」、「啊，得回覆剛才收到的 e-mail」，就這樣一團忙亂。待回過神來，已來到下班時間。結果，手邊每樣工作都只做完一部分，沒有一項完成。你覺得很沮喪，「這幾個小時我都在做什麼啊？」

經常有人會忙到失去時間感，其中一個原因是**累積太多疲勞，致使大腦無法運轉**。這時的重點就是「要讓大腦休息」。

此外，我認為，無法有效率完成工作的人有一個共通點，那就是**無法為該做的事排出優先順序**。

如果對要做的工作心裡有個底，一早進到公司的第一件事，就是把「今天必須做的工作」實際寫下來。

決定優先順序的重點在於工作的「緊急性」與「重要性」。**排在第一順位的，是緊急性高 × 重要性高的工作**。接著依序是：

- 緊急性高 × 重要性低（有急迫性，可以快速完成的工作）
- 緊急性低 × 重要性高（雖然不急，但不得有錯誤的工作）
- 緊急性低 × 重要性低（有空再做就好的工作）

當然，必須先做的是排在第一順位的工作。安排一天行程時，可以先集中精神處理這類工作。

再者，若逐一列出工作後，發現明顯超過自己負荷，無論如何都不可能完成，這時請不要遲疑，直接向周圍的人求援。

被工作追著跑，喪失時間感的人，也可能不知道求助的時機，以至於太晚求援。那麼，可以一進公司開始工作時就請求別人幫忙，這樣比較容易調整工作，同事也比較願意伸出援手。所以，只要一發現自己做不到，就請請求周圍的人幫忙。

工作一直來讓人好想哭

我想，你在公司裡一定很受信賴，也是個很努力的人。但不管如何，如果工作一直來，也會讓人覺得「為什麼只有我這麼辛苦！」而變得悲觀吧。

讓你有負面情緒的原因是工作過量，而**最好的解決方法是向他人求援**。不過，正因為是認真的人，所以有時很難開口吧。如果想拜託主管或同事分擔工作，直接說就好，但有的人面對面講話會緊張，也可能無法好好表達想法。

這種時候，**最簡單、最沒有負擔的方式，是透過 e-mail**，如果覺得講電話比較輕鬆，也可以這麼做。

求援時，請直接表達出「自己已經無法再負荷」的訊息。不過必須注意的是，不要使用發洩怒氣似的字眼，例如「我已經不行了！做不到！」雖然這麼說也可能得到幫助，但會讓人覺得是惱羞成怒，不管如何都會給人留下壞印象。雖然工作量太多不是你的錯，可能是其他人的問題，但求援時，基本上要用請託的態度。

再者，不是只告訴對方自己無力完成工作，**而是聚焦於討論「怎麼樣才做得到」，這樣的求援也比較有效**。例如，「如果能延到下週二的話就可以」、「如果只是確認數據的話就沒問題」。如此一來，對方也能思考該怎麼做，像是「不過這工作本週就要做好，那我幫你吧」、「那我請別人做吧」，比較能接受你的請求。

如果你都這麼拜託主管和同事了，卻沒有人幫忙，那麼，他們就是這樣的同事、就是這樣的公司，你沒有必要在這種地方被糟蹋。在勉強自己、身心受創之前，趕快逃離才是上策。

怕造成別人困擾所以無法找人商量、不敢請假

有些人就算有工作的事想找人商量，但由於擔心開口會造成別人困擾，或是自己的提問不妥，所以不敢開口。又或是，覺得請假可能會加重他人負擔，在罪惡感下不敢請特休。還有，就算明白「這間公司不能待」，但憂心辭職會帶給他人麻煩而無法辭職。

你也是這樣獨自一人地拚命過了頭嗎？

有很多人太在意是否會造成其他人麻煩，結果辛苦了自己。你也是這種很善解人意、很認真的人嗎？

會過度在意不要造成別人的麻煩，與成長背景有關。從小，父母或老師就一直耳提面命「不可以造成別人的麻煩」，這個提醒於是成為一個重要的價值觀，根植於這些人心裡。「不可以造成別人

的麻煩」就等於「不能拜託別人」。在這個價值觀的束縛下，他們就不知道如何去拜託別人。

我要請你先理解一點：「人就是互相麻煩彼此才能生存的生物。」即便希望在不麻煩別人的前提下生存，也是無法做到的事。正因與他人互相麻煩是理所當然的事，所以才能在有困難時求援，並且彼此互相扶持。

也請你將根植於心底的價值觀改寫成「麻煩別人是理所當然的事」、「依賴周圍的人也沒關係」。

如此一來，就算覺得自己給別人帶來麻煩，也不會認為那是壞事。不勉強自己一個人默默努力也沒關係，有必要求援時，發出求救訊號也無妨。一旦你因為這麼做而變得比較從容時，下一次，換你幫助別人、接受他人請託就好。

最後，我要提醒「覺得對公司不好意思而無法辭職」的人。公司少了你，並不會垮掉，但是，如果你再勉強下去，垮掉的是你自己。面對公司，你應該要這麼想：可以代替我的人要多少有多少。

覺得公司裡沒有自己的立足之地也不受他人認同

覺得公司裡沒有自己的立足之地，是因為你感覺不到公司是一個「令人安心且安全的」場域。

特別是如果你因為過勞或心理因素休假，再回公司上班，光是意識到別人的視線，就會疑神疑鬼心想「他是不是在講我什麼」、「他應該覺得我是個沒用的人吧」。就算別人的態度很友善，你也會覺得「他應該是怕我又怎麼樣，所以小心翼翼地對我吧」。

你會有這種感覺，是因為無法接受自己請假休養，失去了自信。比起其他人的評價，你不必要地看輕自己，並且先入為主認為自己不適合這裡。

我希望這樣的你先試著「讓公司變成一個令人感覺安心和安全

的地方」。為此，**請試著「為其他人創造出他的立足之地」**。該怎麼做，才能為別人創造出一個立足之地？那就是讓對方知道「在你身邊，我會表現出真實的自己」。這個訊息用語言或態度傳達都可以。對任何人來說，這都是令人開心的訊息。而**「為他人創造立足之地，也就等於為你自己創造一個立足之地」**。

對那個人來說，有你在，他就能放鬆。如果他開心，你也會感覺愉快、十分安心，公司也就能成為一個安穩的、讓人心情平靜的地方。

請留意一下公司裡的人，有沒有誰是你想為他創造出立足之地的呢？不是同部門的同事也無妨，只是偶爾會遇到的人也可以。不用從一起工作的同事裡尋找，請把範圍放寬到整個公司去找。

你想為他創造出立足之地的對象，要讓你覺得「為了他，我可以做到」，這是重點。如果不論你怎麼找，就是在公司內找不到這樣的人，那就放棄吧，也差不多是你該思考離職的時候了。

沒有可商量煩惱的人
也沒有發牢騷的對象

獨自承受煩惱或是不平、不滿等煩躁的情緒，不是一件好事。如果一直不說出口、持續忍耐，所承受的壓力會造成身體不適或心理健康出狀況。就算是工作上的問題，如果身邊有親朋好友可以讓你傾訴煩惱和發牢騷，就請跟他訴說。

身邊如果沒有可商量的對象，或是你無法或不想跟周圍的人說，那請一定要去看身心科或精神科，向精神科醫師或心理諮商師傾訴。

對此有人可能會感到遲疑，雖然無法具體說出哪裡不好，但就是覺得去醫院怪怪的。那麼，就抱著「我就去一次，只是讓醫師聽我說話」的心態前去也無妨。

「光是說出來就輕鬆多了」，這是真的。向某個人傾吐煩惱或牢騷，讓對方一起分擔自己的痛苦，就會變得輕鬆。只要你體驗過這種感覺，就會明白。瞭解這種感覺後，就算不是你平常無話不說的對象，你也能鼓起勇氣請他聽一下你要說的話。如果能做到這一點，那麼之後商量的對象也可以不用是專家。當然，想再找醫師或心理諮商師談談也沒問題。

如果你的公司裡有職醫，我也很推薦你找對方諮詢。有不少人對職醫敬而遠之，雖然由身為職醫的我來說好像並不適當，但這真的很可惜。職醫能根據職場狀況和組織的特性及文化，提供具體的解決方法、發揮功能，希望大家能多加利用。

放假日還是滿腦子工作
一想到隔天的工作就不安

「放假時我也一直在想工作的事，沒心情玩」、「很在意還沒做完，下星期還要繼續處理的工作，想著想著，假日就結束了」，常聽到很多人無法順利切換工作和休息的模式，所以即使放假，心還是無法休息。也有很多人一到週日傍晚就心情沉重，對隔天要做的工作感到不安。

我認為，放假時還想著工作的狀況多少難以避免。就是因為對工作有熱情才如此，就算別人要你不要想，還是難免會在意吧。不過，把假日用在只思考工作上，實在很浪費呢。

所以，我希望你放假時決定一個時間，比如「星期日中午前」，然後在這個時間限制內，積極面對自己「工作上有什麼不安、在意什麼事」，把這些事全都寫出來。

光是在腦子裡想，就算耗費時間，也很難好好統整想法。即使思考後得出一個結論，但沒多久又會覺得不太對，於是又重複一次，再從頭想起。這時，把腦子裡想的事寫出來，把它視覺化，能消除一再兜圈子、浪費時間的情況，對於消除不安很有幫助。

將盤旋腦中的事情寫下來，是先將它們暫時移出大腦，接著，閱讀寫出來的內容，能再一次讓它們回到腦中。如此一來，就能好好整理思緒，得出「這麼做就能解決」、「我現在不用擔心也沒關係」等結論，能夠訂立之後的計畫，湧現積極處理的力量。

如果擔心休假後的工作，可以在上班前一天的傍晚，花幾個小時，讓自己先進入工作模式，也可以把待辦事項和必須處理的問題等寫出來。比起什麼都不做，只是焦慮，結果明天還要工作卻睡不著，這麼做比較能以輕鬆的心情迎接明天。

假日一直在睡覺浪費時間

「放假時還想著工作不太好」、「假日就必須過得充實才行」，很多人會這麼想，但這想法本身就會形成壓力。也有很多人認為，就是必須清楚切換工作和放假的模式，放假時就投入自己的嗜好，這種生活型態才酷。不過，投入休閒娛樂和嗜好，不等於充實的假日，也不表示要這麼過才正確。

就算假日都在想工作的事，或一整天都躺著休息，也沒關係。當然，即使是放假，也不一定要用開朗的心情度過。會擔心工作、會感到不安都很自然，請不用太過否定這樣的想法。

此外，有些人會把沒做完的工作帶回家，打算放假時做，結果碰都沒碰，因而產生罪惡感。不過，這種情況也不用太在意。事實上，你帶回家的工作不用勉強做完也沒關係吧。話說回來，主管清楚你這項工作的進度嗎？如果真的已經是火燒眉毛的狀態，你一定是非做不可，事實上，或許你是無意識地做出「就算不做，之後總是能完成」的判斷。所以，你完全不需要自責「我明明想做，卻沒做到」、「我沒有努力」。

帶工作回家卻沒做，那就表示你不是真的那麼急，心裡某處知道「不用馬上做也沒關係」。你只是因為焦慮，所以把工作帶回家，但卻沒有被焦慮感帶著走，選擇了「不做」。我覺得這樣的你很了不起。只要工作最後趕得上，那就沒問題。

「我有好好休息，真的很棒」，請你這樣告訴自己，並在生活中將「不否定自我、要多讚美」當作座右銘。

發自內心地希望「如果公司消失就好了」

不想去公司、不想上班時，有些人會異想天開地希望公司被消滅：「公司如果炸掉就好了」、「怎麼沒有隕石擊中公司呢」。又或是甚至期待不幸發生在自己身上，「如果去上班的路上，馬路破了個大洞，我掉了進去，那就不用去公司了」。

雖然這是用來紓壓的妄想，但想的次數如果很頻繁，而且也意外夾雜著一些認真，那就要擔心了。

妄想的內容因人而異，但有一個共同點，那就是都源自於「希望讓自己痛苦的環境消失」。**想遠離痛苦的狀況、想逃開，所以產生這種逃避反應。**

這樣的你，現在或許比自己以為的還要被逼到絕路。你的胡思亂想可以解讀為已經處於極度緊繃的精神狀態，而非正常反應。你的心是不是早已投降，你只是勉強去壓抑那份疲倦而已？

當然，現實中公司不會突然爆炸，隕石也不會以公司為目標墜落，也不可能那麼剛好地面就破了一個洞。只是期待這種不合理的事發生，永遠無法讓自己更好過。

會產生脫離現實的妄想，是一種訊號——你累積了許多對公司的不滿，加上事情一直不如你所願，你的心已經覺得疲倦。首先，請你對自己的疲倦有所自覺，並思考如何撫慰自己。

你現在有好好睡覺嗎？

上班前是不是會胃痛、心跳加快？

是不是會突然感到悲傷，莫名流下眼淚？

搞不好，你也覺得身體有許多地方不太舒服？有想到什麼可能性的話，請參考第三章「身體的危險訊號」，讓身心重回健康。

如果你無論如何就是無法停止詛咒公司的妄想，那麼請你認真思考讓公司在眼前消失的方法，也就是辭職這個選項。

看到別人順利就希望他變得不幸

儘管你希望大家一起前進、共同合作努力，但看到同事或下屬有所表現，看到他們能被主管倚賴，就覺得心裡很不是滋味，甚至想詛咒對方：「真希望那傢伙出什麼問題」。

人在疲倦，沒了從容時，就會完全進入負面心態模式，出現卑劣的想法。雖然這可能是因為你已經被逼到一個極限，但我擔心，你的心情可能會朝著「拖別人一起不好過」的方向發展下去。自己不順利，所以想要周圍的人也一起過得不順，這種想法十分危險。

不過，覺得「自己那麼辛苦，那個人卻這麼順利，真不公平」，這種想法是心靈疲憊所造成的一種防衛反應，也不能說它是錯的。會這麼想無可厚非，**但必須注意的是這種想法最後可能轉化為行動。**

比方說，所在的團隊明明工作很多、非常忙碌，但下班時間一到，你卻什麼話都沒說就自己下班走人；又或者，在大家熱烈討論時置身事外等。如果你的行動很明顯就是要破壞團體的氣氛，就可以視為心理狀態有點異常。

你原本應當是個認真的人，不會任性自私、不會輕蔑他人才是。原本明明是這種人，卻做出扯他人後腿或找別人碴的事情，那**你就必須思考「是什麼原因讓你變成這樣」，並採取行動消除那個原因。**

在此，我也希望你思考一件事。**那就是，你認為很順遂的人，事實上可能在你看不到的地方拚命努力，或許也覺得很痛苦。**

疲憊萬分時，我們光是處理自己的狀況就已經夠累了，視野變得狹窄，無法設想他人的想法、狀況、背後的努力與辛勞。於是，你愈沮喪，就愈憎恨他人，覺得對方未免太順利了吧。

最近，在社群媒體上對根本不認識的人過度批判的行為也愈來愈多。尤其對象如果是藝人等比較光鮮亮麗的人，只要有個小事件，一堆人就會一起批判，還形成一種風潮。看到藝人等名人的負面消息就覺得有點愉快，把留言或在自己的社群媒體上貼文當成一種樂趣，這也是一個危險徵兆，是累積大量壓力的狀況。

這時若不採取對策，不只是身心受創而已，包括人際關係在內的社會生活都很可能出現許多問題。

如果覺得自己的狀況可能有點危險，首先，請試著利用第三十三頁提到的方法，列出五十項自己喜歡的事情和東西。當然，如果一個喜歡的東西還不能解決，那用兩個、三個也沒關係，像是吃愛吃的炸雞、大聲播放搖滾樂、好好睡覺等。

但如果忙到連做自己喜歡的事都沒時間，那就真的是來到臨界點了。「忙」即是如字面所示，是「失去心」的狀態。這時請不要猶豫，快去找精神科醫師或心理諮商師諮詢。

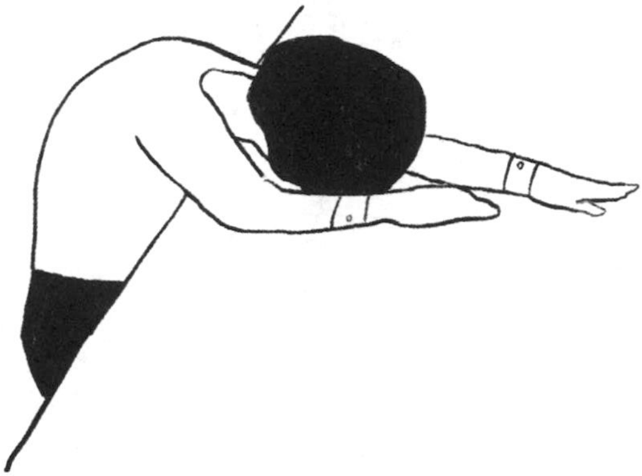

誰都不想見 盡量不見人

你雖然還是會去上班，但一放假就不想見任何人。事實上，已經到了與家人朋友互動，或是有需要和店員講話時都覺得辛苦的程度。

如果「誰都不想見」的心情變得強烈，盡可能想避免與人來往的話，你的狀況很令人擔心。

憂鬱症有個徵兆，那就是「想避免見人」。一旦心情不穩定，就不想讓別人看到自己的樣子，沒有餘裕與他人互動，跟人見面也變得很困難。

雖然我無法在此判斷你是否有憂鬱症，但如果你符合本節提到的情況，我可以確定你身心的能量都在消耗中，處於瀕臨臨界點的狀態。

當然，你可以有「誰都不想見」的心情，請絕對不要否定自己，坦然接受你的心現在告訴你的事。「誰都不想見」的時候，就不要勉強，「誰都不見」是最好的辦法。

與人見面是相當耗費能量的行為，如果自己的能量已經很有限了，還因為與人見面而消耗，隔天早上有可能會起不來。

持續勉強也不會有好結果，不如保留僅剩的少許能量，讓身心好好休息，幫自己充電。

如果你的工作能讓你遠距進行，改成在家工作也很好。我認為，光是不用見到公司裡的人，就能讓你找回能量。要是遠距工作有困難，你可以索性留職停薪，或是思考離職的可能性，安排一個能好好休息的環境。

再者，為了接受適當的診斷，請盡早去醫院看診。雖然你誰都不想見，但醫生另當別論。去醫院的話，你應該能在黑暗中看到一絲光亮。

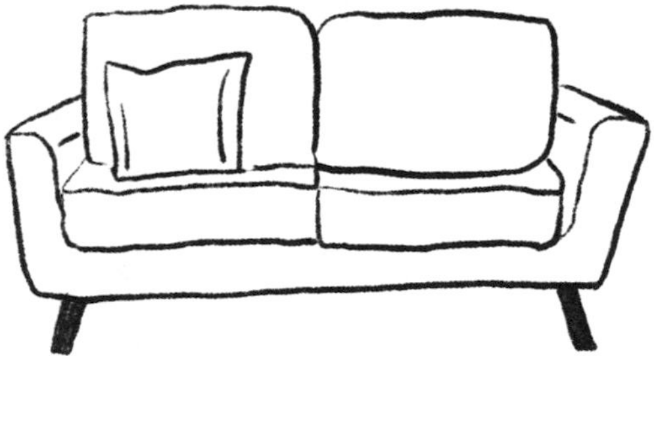

有時候突然想死
甚至考慮過各種死法

不論你是會突然浮現想結束生命的念頭、已經想死，或是雖然並沒有想死，但覺得就這麼死去也無妨，我要先告訴你的是，你不用勉強壓抑這種心情。腦中若浮現這種想法，不用試圖擺脫它，就這麼擱著吧。然後，**請等待時間過去。**

這樣的念頭，誰都有過。只要活著，就會有不順心與不斷失敗的情況發生。會覺得「想死」，是很理所當然的事。

不過，**如果連死去的場所和方法都想到，那就要擔心了。**

不是單純覺得「好想死」，而是連死亡的具體細節都想到，那就很令人擔心。人在身心俱疲時，視野會變得狹窄，以至於被「要結束痛苦唯有一死」的想法束縛。但事實上，你還可以辭職、休息、去醫院、接受他人幫助，有很多讓你變得輕鬆的選項。也許，現在很難馬上解決讓你煩惱的問題，但我希望你不要被瞬間湧現的情緒迷惑，忘了**「還有其他能讓自己變輕鬆的方法」**。

如果，讓你痛苦的原因很清楚，那麼，最好的做法就是去除原因。如果原因是你的公司或工作，那就不要遲疑，選擇留職停薪或離職。遠離讓你痛苦的原因很重要。

人生很有趣，在某個瞬間，你就可能忽然遇見讓你開心的事。這種經驗，你在至今的人生中應該也體驗過吧。突然間，喜悅就會來到。「今後，我會在什麼地方邂逅讓我開心的事呢？」請放寬心這麼想，在等待的同時，一邊珍惜生活中的每分每秒。

你現在覺得很痛苦，那麼，辭去工作也無妨。你的人生是你自己的，世上沒有什麼比你自己更重要。

誰都討厭被罵，
我也非常討厭。

3

身體發出危險訊號時的處理方式

老是發生連自己都不敢置信的錯誤

沒有人在工作上完全不會犯錯，有時候甚至會發生一連串由於粗心造成的失誤。不過，要是發生連自己都不敢置信的錯誤，即使努力想補救，結果又出現更離譜的錯誤。愈是焦慮，覺得不做好不行，錯誤卻反而愈來愈多……

當自己不敢置信的錯誤一再發生，就表示你已經完全陷入腦子轉不過來的狀態。

首先，請回想一下過去這兩週你「夜裡是否睡得好」。我想，你在睡眠上一定有什麼問題，比如睡眠時數太少、很難睡著，或是睡得很淺等。請參考第八十四頁「失眠時的四個因應方法」。你首先要做的是改善睡眠不足的情況，讓大腦休息。

此外，工作會一直出錯還有另一個原因——或許，你原本就不

擅長這項工作。

公司可能將你分配到無法充分發揮你的專業知識和專長的部門。此外，在規模沒那麼大的公司裡，也經常出現「明明一直在做會計工作，但不知為何也要開始做業務工作，每天都得做業務資料」的情況。自己本來就不擅長的工作，自然很難做得完美。

儘管如此，但由於出錯而挨罵，愈來愈沮喪，結果又導致新的錯誤。惡性循環已經開始，但當事人還是沒有意識到「這是因為自己本來就不適合這個工作」。

我認為，做「自己擅長的事」是很重要的一點。

做擅長的事，繼而獲得主管或顧客的感謝，能讓你保持工作動力。若是少了這部分，你對工作的動力就會消失，也很難減少出錯。請你再一次檢視自己的位置。如果發現不適合現在的工作，可以探詢能否調整工作內容，或是思考要不要換工作。我希望你將找到可以發展能力的工作環境作為目標。

一回到家就累癱、坐著不動只能做最基本的家事

切換上下班模式很重要，不過要是一回到家就累癱，坐著不動，只能洗澡然後睡覺，或是雖然想好好利用下班時間，但光是做最基本的家事就已經耗盡能量，那也不用勉強自己一定要讓下班時間過得充實。

會如此筋疲力竭的人就是由於過度勞累。一般來說，我會建議上班族回想一下自己能量消耗和恢復的平衡狀態，做好控制，不要讓能量的消耗大於恢復。不過，如果空閒時間已經全部都花在恢復能量上，那就要尋找其他解決方法，總之要先脫離這種狀態。

我會建議你可以先找公司內親近的前輩或同事，坦率地告訴他們你現在的狀況。如果沒有這種對象，請選擇你覺得「比較好聊

天」、「應該能瞭解我心情」的人，試著和他們談談。

如果很難面對面談論，可以透過e-mail，告訴對方你有這樣的困擾。

這種行動，也是能看出公司和職場真正價值的試金石。如果有工作上煩惱的同事發出求救訊號，其他人卻冷淡拒絕的話，我認為你今後也很難與這樣的同事建立信賴關係。如果同事無法和你一起思考，提出「重新檢視工作量」、「有沒有工作可以分出去」等解決方法，我認為這種公司不如乾脆放棄比較好。

也有人會覺得，與其找人商量，讓別人看見弱點，還不如沉默忍耐比較好。不過，讓別人看到自己的弱點，絕不可恥。倒不如說，即使讓別人看見弱點和缺點也不在意，是能以自己的方式享受生活的快樂祕訣。

睡不著、醒來好幾次
就算睡著也沒睡好或早上起不來

因為工作感到身心俱疲的人，我希望你先確認「睡眠的質與量」這項身體訊息。最近五天，你能否一覺到天亮，至少睡超過七個半小時？

「失眠」依症狀可分為四類。

很難入睡 知道要早一點睡，但上床後很難睡著。

中途醒來 睡得很淺，沒有想上廁所還是會醒來好幾次。醒來後，又要再花一段時間才能睡著。

提早清醒 比預計起床的時間早兩個小時以上醒來。

無法熟睡 應該睡得不錯，但早上起床後還是覺得沒睡飽，感到疲倦。雖然心想得起床才行，卻很難爬起來。

你是哪一種情況呢？看診時，為了讓醫生容易判斷、開立處方等，請確認自己的失眠症狀。再者，似乎也有很多人會誤解，但睡不著不一定與「失眠症」畫上等號。

例如，隔天有重要的口頭報告或考試，誰都可能因為緊張而睡不著。這跟小孩遠足前一天睡不著是一樣的。如果這種情況持續兩到三天，就稱為「短暫性失眠」，但這不是疾病，不用擔心。

此外，**睡不著的情況如果持續一到三週，稱為「短期性失眠」**，必須接受治療。這種狀況有可能是出於慢性壓力等某個特別的原因。再來，**若持續失眠一個月以上，導致白天精神和身體都出狀況，這種情況才會使用「失眠症」這個病名。**

失眠會導致動力與集中力不足，也會使人產生倦怠感、食欲不振的情況。也因此，即使白天想工作，大腦也無法好好運轉，導致業務出狀況的情形也不少。

更令人痛苦的是陷入失眠循環。一旦睡不著，睡眠品質差，怎麼睡都無法消除疲勞，就會讓人不安，「今天我能睡得好嗎？」、「要是繼續睡不著怎麼辦？」在這種情況下，就會強迫自己「今晚一定要睡著！」，但愈是焦慮，愈是清醒，結果陷入失眠更嚴重的惡性循環。也有人在睡不著的恐懼感下，對於夜晚的來臨感到害怕。

失眠的原因很多，也有因為睡眠呼吸中止症發作，或是類似情況導致呼吸不順而中斷睡眠的情況，不過，要是突然連續好幾天失眠，多半還是與壓力、不安、緊張、生活節奏亂掉，或是與憂鬱症之類的心理疾病有關。

所以，有睡眠問題時，一般都是去身心科或精神科接受專業治療。

透過醫生問診可診斷出失眠的原因，並重新檢視患者的日常生活，以消除原因。如果這麼做還無法改善睡眠，藉助藥物也是一個方法。藉由心理療法和藥物療法，就能有效改善睡眠。

有不少人擔心服用安眠藥可能有成癮問題，但只要遵循醫囑服用，無須擔心。

而且，腦中的煩惱與擔憂就是揮之不去時，服用安眠藥能強迫大腦關機，可說是一石二鳥的方法。

如果希望藉由安眠藥以外的方式擺脫失眠，可先試試下列四個方法。

①花時間慢慢泡澡，或是做一些緩和肌肉緊張的伸展運動等，在睡前放鬆身心，讓副交感神經活絡。

②睡前兩小時關掉手機和電腦，遠離強光和資訊的刺激。

③傍晚後就不要飲用咖啡或紅茶等含咖啡因的飲料。

④早上起床後好好晒一下太陽，調整生理時鐘。大約十五小時後，就能促使褪黑激素分泌，自然產生睡意。

不過，治療失眠最好的方法，還是擺脫壓力滿檔的情況。請不要遲疑，趕快找醫生看診，盡早重拾良好的睡眠。

光是靠近公司就會心跳加快、感到心悸

很多患者表示：「一走近公司，我就會心跳加快，覺得難受。我自己也知道那就是心悸。」也有人表示：「雖然我不會心悸，但天氣明明不熱，我卻會冒汗、出冷汗。」

這是腎上腺素狂飆的證據。腎上腺素是交感神經活絡時分泌出的神經傳導物質。在我們充滿鬥志、感到興奮、煩躁、恐懼時就會大量分泌。

進公司前，如果腎上腺素大量分泌到令人出現心悸感覺，我們自然會認為是由於焦躁、恐懼和壓迫感等負面情緒的影響，而非充滿鬥志。

在身體的各種危險訊號中，這種症狀也是嚴重程度較高的。

說不定，它可能是「焦慮症」的症狀之一。如果公司讓你感到恐懼與壓力，會有這樣的反應也是理所當然。

至於應對方法，則視你進公司後的狀態而有所不同。

如果「進公司後，心悸還是很嚴重」，請盡早去醫院治療。你可以開始考慮留職停薪或調部門的可能性，這種時候，你最好還是多為自己的身心健康著想。有些人就是用留職停薪或辭職的方式，直接遠離公司，也讓嚴重心悸和直冒冷汗的症狀消失。

如果「進公司後，心跳就開始緩和下來」，那麼請盡可能避免刺激，製造一個讓自己輕鬆通勤的環境。我建議你可以早點出門，在人沒那麼多的捷運上睡個覺，或是聽音樂。聆聽歌詞讓你有同感的歌曲，專注於歌詞上，就算是暫時也好，或許能讓你從「等一下就要進公司」的壓力中解放。

耳鳴或是聽不清楚

有時候，身體會出現耳鳴，或是耳朵突然聽不清楚這類的危險訊號。

說到「聽覺障礙」，很多人會認為有這種病的人以年長者居多，但「急性低頻感音神經性耳聾」（Acute low-tone sensorineural hearing loss）在年輕人身上的發生率也很高。

這種疾病的症狀，是耳朵裡一直會有類似「GO——」、「BO——」等低頻音的耳鳴，也因此很難聽見其他低音。耳朵裡也會有一種類似飛機起降時，因為氣壓變化導致耳內出現的壓迫感。因此，有患者表示：**「耳朵裡好像一直塞住，讓我很困擾，無法專心工作。」**

發病者以二十多歲到四十多歲女性特別常見。詳細發病原因還不清楚，所以很難斷言過勞、睡眠不足或壓力和此病的因果關係，但還是可以認為，以上因素或多或少都是導致發病的原因。這種疾病有一個特徵，即使治癒，但只要疲勞或壓力累積，又會再度出現症狀。

此外，「突發性耳聾」是四十到六十多歲壯年世代最容易得到的聽覺障礙，據說日本一年有三到四萬人罹患這類型的聽覺障礙。

有突發性耳聾的人，**會忽然聽不太清楚，不只會耳鳴，有時也會伴隨暈眩與噁心。**這是由於感知聲音、傳達至大腦的細胞受損所引起，至於損傷的原因，除了內耳的血液循環障礙外，也有病毒感染的可能性。此外，有過勞、壓力大、睡眠不足、糖尿病等狀況的人，發病機率也較高。

另外，也有很多人雖然不到聽覺障礙的程度，但耳鳴嚴重、容易暈眩。這是由於精神一再受創，身體變得敏感所致。有這些症狀的人除了去耳鼻喉科看診，最好也前往身心科或精神科接受治療。

看診時，我會告訴患者：**「這是你的耳朵和大腦在發出求救訊**

號，它們在告訴你，它們的工作已經太多了，不要再塞資訊過來喔。」遇到這種情況時請不要焦慮，慢慢來，請先傾聽身體的聲音。

怎麼喝都不會醉 結果一不小心喝太多

如果你發現自己的酒量不知不覺變好了，那就必須注意。就像大家常說的，適量喝酒是完全沒問題的。喝了酒心情變好，能重新提振精神，覺得明天也可以加油，這是享受飲酒的正確方式。

反之，平常太忙碌或過勞的人，則有可能以依賴酒精的方式來忽略心靈的危險訊號。

但是，如果怎麼喝都不會醉或很難醉的時候，就表示飲酒量已經超過可帶來放鬆的效果，你反而可能愈喝愈不安。

在諸多負面情緒中，「不安」具有很強的力量，甚至可以輕易把喝醉時帶來的快樂與高度幸福感都趕走。

在這種情況下，你可能愈喝愈多，多到甚至連你自己都不敢置信。

此外，如果你是用喝酒來幫助睡眠，那麼請回想一下，你的睡眠品質好嗎？酒精有利尿作用，喝太多的話，入睡後起來上廁所的次數就會增加。睡眠中斷會導致熟睡時間減少，所以很可能早上起床後還是感覺疲倦。

這樣下去，會讓人擔心是不是會有酗酒的可能性。如果你「不喝酒就睡不著」、「不喝酒就無法抑制不安」，或是「為了鎮定心悸只得喝酒」，那麼，請你找精神科或身心科諮詢。

「我這樣算酗酒嗎？」對此感到不安的人，請上網搜尋「AUDIT」(The Alcohol Use Disorders Identification Test)。這是根據世界衛生組織（WHO）的調查研究製作的檢測工具，可用來評估是否有酗酒情況，精神科也經常使用。

明明沒什麼事卻突然流淚一直停不下來

「我並不覺得痛苦或悲傷，但一在辦公桌前坐下，我就突然開始流淚，停不下來。辭職換工作後，這種情況就沒再發生過了。我到底是為什麼流淚呢？」

在某家公司的諮商室裡，一位三十多歲的女性員工這麼問我。

很多人可能不太知道，這種症狀是由於長期承受強大壓力所造成的。這是在精神狀況不穩定下，出於防衛本能所導致的結果。至於流淚主要有三個意義。

首先，流淚有淨化內心焦躁的「宣洩作用」。流淚時，喜怒哀樂與不安、煩惱，會隨著淚水一起流走，哭完後，就會感到精神舒暢。

再者，是讓「副交感神經活絡」。自律神經可分為交感神經與副交感神經。簡言之，交感神經是我們努力工作時，猶如「油門」一般運作的神經。反之，副交感神經是我們放鬆時，猶如「煞車」一般運作的神經。流淚時會讓副交感神經活絡，所以能消除身心的緊張，進入放鬆模式。

最後一個意義是「尋求周圍的支援」。「發生什麼事了嗎？」、「你還好嗎？」眼淚能引起周遭其他人注意，使他們產生想幫助你的心情。

流淚並不是不好的事，甚至反而是值得大力推薦的事，不過，明明不想哭卻流淚，肯定是很難受吧。讓別人覺得自己無法控制情緒，這點也很討厭吧。

「感到悲傷或痛苦時，人們有時會將心靈的蓋子蓋上。因為察覺悲傷或痛苦會更難受，那就不要有感覺吧。不過，在這過程中，那個裝滿情緒的容器已經太滿了，反倒變成只要別人稍微責備你一下，或對你貼心溫柔一點，你會很敏感地反應。我認為，這是身體自覺需要放鬆，所以藉由流淚來淨化。我想，你當時應該是每天都充滿壓力，身心已經瀕臨臨界點了吧。」

我這麼回答那位提問者。你的心靈和身體，有時會在你無意識下想幫助你。

容易跟生病混淆的疼痛、發炎、腹瀉、倦怠

很多人在還未察覺到心靈和身體的危險訊號時，多是由於頭痛、胃痛、腹痛等「疼痛類訊號」而去醫療院所求診。**這是大腦利用疼痛來吸引你注意，發出「希望你能留意壓力」的求救訊息。**

大部分的人一開始都是去內科看診，沒意識到這是一種危險訊號。等到服用止痛藥和其他藥物，但一直未能完全痊癒時，醫生可能會詢問：「你是不是累積了很多疲倦和壓力？」這時，他們才終於意識到問題。

另外，也有不少人是連看診都不去，自己做判斷：「我本來就有頭痛」、「我已經很習慣胃痛了」、「我只要吃平常的藥就沒事」。

要分辨疾病和危險訊號很難。每天忙到連睡覺時間都不夠時，

更不可能去醫院。

但如果症狀一直反覆出現，懷疑自己是否生病時，不論是早點下班或請特休都好，最好是去醫院看診，才能盡早擺脫不適。畢竟，如果不知道疼痛的原因而疑神疑鬼，只會讓自己更不安，又增加一個壓力來源。

身體常見的危險訊號除了各種疼痛外，還有微熱、身體癢、皮膚炎等「發炎症狀」，以及腸胃出狀況引起的「腹瀉」與身體感覺沉重的「倦怠」等。

這些症狀也很容易與生病搞混，但如果能簡單記錄下自己的發病狀況，就可以作為判斷的線索。例如，可以在手機日曆上標示，以便確認發病狀況與忙碌時期或是壓力特別大的時期有無因果關係。

壓力、過勞、睡眠不足，可能是引發疾病的原因，例如神經性胃炎，但它們也可能使原本就有的疾病變得嚴重。請不要勉強忍耐，覺得自己能克服這種狀況，而是好好面對自己的身體。

月事好幾個月沒來或是掉頭髮、肌膚粗糙

如果你是女性，或許知道「壓力很容易導致經期不順」。你周圍應該也有好幾位女性因為壓力導致月經遲來，或是好幾個月都不來的情況吧。

壓力之所以容易導致經期不順，是由於生理週期是由大腦所掌控。

生理週期與「雌激素」、「黃體素」這兩種女性荷爾蒙相關，而這兩種荷爾蒙的分泌則是依循大腦的指令。但是，身體若感受到過度的壓力，大腦就會促使有壓力荷爾蒙之稱的「促腎上腺皮質激素釋放激素」（CRH）分泌，忙於應對壓力。這麼一來，大腦發送指令的節奏就會亂掉，而讓雌激素與黃體素的分泌也亂了套，最

終導致經期不順。

有的人是經期本來很正常，但後來卻錯開一週以上，有的人甚至是半年都沒有月事，而且什麼都不說，一直忍耐。我是醫療人員，所以她們還能跟我開口，但她們會說：「我不想跟男性主管說」、「就算我說了，主管也一定無法理解」，這是她們沉默的原因。

確實，男性主管或許無法理解經期不順的嚴重性。這時，你可以去婦產科看診，請醫生開立診斷書，好讓身邊的人瞭解你的壓力有多大、狀況有多糟。這是一個方法。

除了生理期問題外，很多女性還有「皮膚粗糙或一直冒痘痘」、「大量掉髮」等煩惱，這些也都可說是身體發出的一種危險訊號。

由於這些狀況會反映在外觀上，就算自己不說，周圍的人也比較容易察覺到；但反之，也有不少人會有所顧慮，覺得指出女性外表的問題有失禮貌，故意避開不談。

旁人看起來的小事，對當事人而言可能很嚴重。有些女性會因此感到不安、焦躁、喪失自信，原本工作帶來的痛苦可能又變得更強烈。男性主管雖說是男性，但也還是主管，我希望他們能理解女性的這些困擾。

很容易得重感冒一感冒就很難痊癒

「我以前就算感冒了，只要吃成藥就會痊癒。但最近一感冒就會發高燒，只好請假。」

「我感冒的頻率從一年一次變成一個月一次，還被別人說我身體很弱。」

「我的感冒雖然不嚴重，但很難好，一直咳嗽和頭痛。」

雖然每個人的感冒症狀不同，但絕不可以小看感冒，覺得「不過是感冒而已」。

壓力或睡眠不足造成免疫力下降時，就容易感冒。所謂免疫力，是身體抵禦病毒入侵，或是就算病毒入侵，身體也能發動攻擊保護自己的能力。

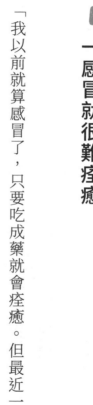

免疫力一旦下滑，病毒就很容易攻破皮膚或粘膜等身體防線，入侵體內。這時，由於身體的攻擊力也比較弱，變成要花更長的時間才能擊退病毒。

在身體展開與病毒的攻防戰之際，身體各部位就會出現腫脹、疼痛、發燒等「發炎」症狀。感冒也是發炎的一種。

也有人「總是在忙完一項大工作，鬆口氣的時候就會感冒」。這是因為他們覺得非努力不可時，交感神經就會活絡，能抑制病毒活動，即使免疫力低落，還是能勉強戰勝病毒。

不過，一旦完成辛苦工作，鬆一口氣，就會使副交感神經居於優勢，讓身體放鬆。這時病毒就會發動攻擊，帶來感冒。

要提升免疫力有三個重點，請試著在生活中實踐。

①有良好品質的充足睡眠。

②多攝取優質蛋白質、具高抗氧化效果的維生素A、C、E，能整頓腸道環境的發酵食品和食物纖維等。

③適度放鬆，減少精神壓力。

動不動就輕微發燒
但周遭的人都無法理解這樣的痛苦

有一項危險訊號，比前一節提到的「感冒」更容易被忽略，那就是「輕微發燒」。

有些人會有以下狀況：「只要一不小心，身體就會輕微發燒」、「我覺得倦怠不舒服時，周圍的人就會說『你是微發燒吧』，覺得沒什麼好在意」、「我平常的體溫大約是三十五・五度，所以即使是三十六・八度，我也會很不舒服。但要花很多時間才能讓別人理解這種狀況。」

一般來說，輕微發燒指的是體溫三十七・五度以下的發熱狀態。由於體溫比平常高，身體消耗的能量也會比平時多。因此，輕微發燒時容易疲倦，覺得「累得不得了」、「消耗許多體力」是理所當然。有時候，也可能會有倦怠感、發冷、發汗等情況。

輕微發燒是感冒、肺炎、甲狀腺機能亢進、支氣管炎、風溼等疾病的初期症狀。如果微燒狀態一直持續，很多人會去看診找出原因，但還有「心因性發燒」這個一般人比較不知道的可能性。

心因性發燒有兩類，一種是微燒至將近三十七．五度，持續一週以上，另一種則是太緊張時，會突然發高燒到將近四十度。心因性發燒的原因就是壓力。由於每個人的壓力來源、感受到的壓力程度都不同，所以有症狀的人必須前往身心科或精神科接受諮詢，以徹底找出壓力的原因。

此外，心因性發燒和細菌或病毒感染引起的感冒，在身體發燒的機制上完全不同。服用一般感冒發燒吃的解熱鎮痛藥是無法完全治癒的，請留意。

也有患者連續微燒超過一個月，去了內科、骨科、耳鼻喉科、腦外科，最後來找我後表示：「光是知道原因，就讓我鬆了口氣。」

微燒的原因不明所帶來的不安，會讓人更有壓力。

我希望你能記住，還有一種由壓力引起的「心因性發燒」就好。

為了調養身體而用光特休
但還是很不舒服，只得一直請假

讀到這裡，我想請問覺得自己符合許多危險訊號的人——你是不是認為「不應該請假」、「如果勉強要休息，就是只能到把特休用完為止」？

所謂請假，只不過是那天不上班，也不領酬勞，完全不違法。

要是必須請假讓身體休息的日子變多，確實是個危險訊號，不過，害怕請假而勉強工作，更是危險。

「我們公司幾乎沒什麼人在請假，一請假給人的觀感就不太好，會讓人變得很難工作。」

「我們公司人資的權力很大，只要有人休假或遲到的狀況變多，馬上就會被盯上。」

「除了特休之外還請假，就無法拿到全額月薪，這會讓我一個人生活變得比現在更吃緊。」

以上這些，的確都是很難休息的理由。

不過，再這樣努力下去，身心俱疲也是可預見的結果。為了清楚看出目前的狀況，請確認一下你開始覺得公司或工作令人難受之後的出勤狀況。確認的重點是「有沒有一個改變的趨勢」。

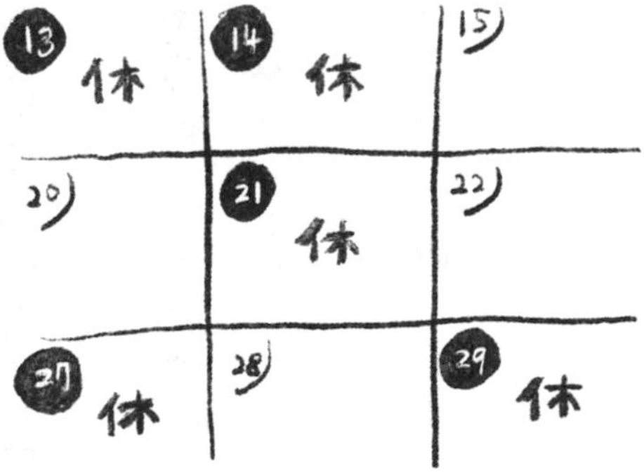

很多工作過勞的人都會出現以下模式。一開始，他們大概是一個月請一、兩天特休來讓身體休息，很快地，不知不覺中就把特休用光。但請假會扣薪，所以只得先忍耐，暫時不請。但之後狀況愈來愈差，只得每週請一天假，週末一直躺著休息，於是連星期一、二也一起請，就這樣請假天數一直增加。此外，為了去醫院看病而遲到早退的情況，也很可能不知不覺地變多。

如果發現自己遲到早退的情況「一直在增加」，那現在就該思考如何改變充滿壓力的環境，或是要怎麼脫離。例如，因為請假導致薪水減少的話，盡早留職停薪並申請傷病給付，也是一個方法。

我認為，不是「特休用完所以算了」，相反地，「特休用完時，才正是開始思考下一步該怎麼做的時候」。

充分利用診斷書與公司交涉！

頭痛、胃痛、腹痛、感冒、耳鳴、聽不清楚、經期不順……當身體出現以上危險訊號，你應該會去醫療院所找適當的科別接受治療。

如果你希望對公司提出像是「減少工作量」、「讓我休息」、「希望調部門」、「希望換工作類型」等等的要求，你可以請醫生開立診斷證明書，以「來自醫院的信」提交給公司。

診斷書上若能提到壓力與過勞的因果關係，或是對於之後勞動環境的提議等也不錯。例如，「患者由於累積疲勞、體力不支，必須在家休養〇週」、「患者罹患的神經性胃炎，是起因於睡眠不足和一直承受很大的精神負擔」、「為了讓患者恢復精神健康，我判斷患者必須調部門」等。

說明症狀時，要是能明確傳達出壓力與過勞的關係，公司應該也會據此考量你今後的工作型態。如果是有人情味的公司，主管應該會表示善意：「之前真是太勉強你了。我們一起來思考，什麼樣的工作方式才能讓你的身體不會出狀況、工作得比較舒服。」

有些人可能會想請內科醫生開立診斷書，證明不適症狀是來自壓力和過勞。不過，即使那些症狀確實來自壓力和過勞，有不少內科醫生還是會拒絕：「我不是身心科和精神科的專科醫生，無法不負責任地針對精神狀況做出診斷。」

這時候，還是要去看身心科或精神科，請醫生開立診斷書，明確指出壓力與疲勞、睡眠不足等之間的關係。如此一來，你就能明確讓公司知道你痛苦的狀況，也具備很好的交涉空間，讓公司能接受你的期望。

身心疲憊時，我們會刻意關閉心門。

4

從無法辭職的執念中得到解放的人

即使覺得已經不行了，只要早點治療就能早點恢復，也能開始找工作

本章要介紹，我身為精神科醫師和職醫所經手的三個案例。

我會從各個案例「覺得公司無法再待下去」的狀態說起，接著是他們身心出現的危險訊號，最後，是我在面對他們認為不能辭職或休息的執念時，如何給予建議。他們的工作環境和年資雖有不同，但都是認真且溫柔的人。

如果你發現，自己身上也有幾個第二、三章所提到的危險訊號，而你不知如何處理，我建議可以去看精神科或身心科。如果你的公司有職醫，也可以找他諮詢。

要是發現自己有症狀，卻採取順其自然的態度，或是以「現在太忙，之後再去看醫生」的理由拖延，這比較讓人擔心。這些判斷

都是不對的。

我們經常說癌症等疾病「早發現、早治療」很重要；同樣地，精神方面的疾病也是及早有自覺，並找正確的醫療院所治療，才是恢復健康的關鍵。**及早治療的話，由於症狀尚輕，恢復較快，短時間內就能回復原本狀態。**

再者，有人會對於醫生要自己「好好休息」的叮囑覺得可恥，但實在不必要。休息是最重要的治療，是為了幫助你恢復健康，請連同醫生開立的處方一起遵守。此外，絕不可因為身體狀態稍微好轉就擅自停藥，或是一直未見起色而自行加藥。

好好休息，重整狀態後，也可以在留停期間開始找工作。很多人都是在「諮詢專科醫師」↓「留職停薪」↓「在留停期間找工作」↓「確定下一個工作」這樣的過程中重新找回自己。

我建議患者換工作或留職停薪時，很多人會提出各種理由，猶豫不決：「我還不知道下一個工作在哪裡」、「我會沒收入」、「換工作後，可能還是會有令人不愉快的事」等等。我接下來要介紹的幾位一開始也是如此。不過，我還沒遇過辭職後感到後悔的人。他們每個人現在都朝氣蓬勃地工作著。

業績目標很嚴格，讓我想辭職！

A先生的案例（三十多歲，業務員）

我曾經換過好幾個工作，後來終於進入業界有名的公司。剛開始我充滿衝勁，也很努力。不過，我的新公司非常講求實力，每個人都有很高的業績目標需要完成，職場的氣氛也很冷漠。很多人跟我一樣，都是換工作後來到這家公司，同事的年齡和職涯也都不大相同，所以，人際關係也是我煩惱的問題。

結果，我總是被要求得拿出成績，而且誰都無法讓我依賴，過著完全無法休息的日子。就算是假日，我也必須回應顧客的諮詢電話，一直處於緊張狀態。

危險訊號

只要一想到隔天的工作，我就睡不著，即使後來終於入睡，但一、兩個小時後又醒來。睡眠不足導致我的大腦經常轉不過來，應該要帶的文件也忘了帶，小失誤也變多。

收入不會完全變成零
井上醫師的建議 1

A先生

我沒辦法再工作下去了，雖然很想辭職，可是我有家庭，會擔心收入問題。

井上醫師

你就算辭職，收入也不會馬上變成零。你因病休息的期間，以及辭職後，都可以申請健康保險跟傷病給付。雖然支付有一個期限，但基本上從辭職日起算十八個月，都能領到六成左右的薪水*。假設你的月薪是三十五萬日圓，等於每個月可領到二十一萬日圓左右。當然，靠這些錢還不足以完全應付開銷，但如果搭配存款省著點用，應該暫時還過得去。

關於辭職之後的金錢問題，第六章也有詳細說明。

*臺灣規定，勞工傷病情形需達到醫生認定「不能工作」的程度才能申請勞保的傷病給付，並依醫生寫的休養時間休息，領取投保薪資的半薪，最多領取半年。詳細規定可至勞保局官網查詢（「給付業務」→「傷病給付」）。另外，臺灣的「失業給付」必須為「非自願離職」才能申請，如果是難以適應工作壓力而辭職，是可能真的完全沒收入。

把自己的幸福擺在第一優先

井上醫師的建議2

A先生

我好不容易進入自己嚮往的公司，就這樣辭職好嗎？

當初進公司，家人也很替我高興……要是辭職，會不會讓他們失望難過？一想到這點，我就無法輕易辭職。

井上醫師

請你實際問問家人的想法。那麼，你應該就能發現，家人不是因為你進那家公司而開心，而是看你每天愉快、感覺充實地去上班而開心。

看你完全不休息、感覺工作得很痛苦，家人其實很擔心喔。

請把自己的身體和家人的幸福擺在第一優先。

A先生辭職後的狀況

A先生

我在留停五個月後辭職，又過了兩個月後，換了新工作。離職前，我一直把自己逼得很緊。我認為，好不容易進入想進的公司，沒辦法做好，是不是表示我很糟糕？

不過，離職後我才意識到，我無須因為自己不適合那家公司，就覺得「自己是個不適應社會的人」。

自己的目標公司適不適合自己，完全無法從公司的外在形象來判斷。

想進的公司適不適合自己，事實上不進去不知道；就算是進入想進的公司，如果不適合，也完全沒必要勉強苦撐。

試著找人陪你一起去看精神科

井上醫師的建議3

A先生能擺脫痛苦，是因為家人帶他來看精神科。

每個人在鑽牛角尖、煩惱時，都很容易獨自一人深陷苦境，無法客觀看待自己的症狀，可能覺得「不要緊」而繼續忍耐，或只要想到「如果去醫院，醫生會不會要我馬上休息？」、「我休息的話，其他人不就得承受更大的業績壓力？」，於是無法前去醫院看診。

不過，大部分時候，你身邊的人會察覺到你已經瀕臨臨界點了。尤其是一起生活的家人，或是關心你的同事和主管都會發現你的改變，並感到擔心。請相信你信賴的人對你的冷靜觀察，去醫院看診吧。

如果很難自己一個人去醫院，建議可以像A先生一樣，和家人一起來，或是由同事或主管陪同。事實上，有很多來精神科看診或找職醫諮詢的人，都是家人或主管勸他們或是陪同前來。我們醫生也會聽取患者家人或主管客觀的症狀陳述，以作為病名判斷和開立處方的依據。

身為醫生，我們是把自己視為「一種安全網」。患者只要跟我們保持一點連繫，不管多小都好，他們精神上的餘裕程度就會完全不同。

例如，患者第一次就診時，我藉由問診瞭解他的狀況，如果患者表現出「我似乎還可以再努力一下」的意志，我也判斷沒問題的話，就會告訴他：「那你再努力一週看看。」一週後，我再確認他的情況，如果狀況穩定，我可以積極建議他：「那麼，你再努力兩週看看。」當然，如果我判斷患者的情況比較嚴重，也可以請患者不要再努力。最重要的是，必要時，醫師可以隨時為患者開立診斷書，這就像是患者的一種護身符吧。

總之，請不要自己一個人判斷，也試著詢求周遭他人的客觀意見。

人際關係讓人煩惱，好想辭職！

B小姐的狀態（二十多歲，行政職）

我在一間大約有十名員工的公司上班。公司裡有一位前輩，經常因為小事找我碴，好幾次都很嚴厲地指正我，工作上的指示也很高壓強勢，總之，是和我合不來的人。

但其他同事都能和這位前輩處得很好，工作得很順利，讓我不由得心想是不是我不夠努力。不過，我每天都處於沒辦法努力的狀態，身心狀況都很差……。我不是想休息或辭職，而是**想壓抑症狀並繼續工作，所以來看精神科。**

我們公司人很少，我覺得如果沒有新人來好好交接工作的話，我是無法留停或辭職的。

危險訊號

被那位處不來的前輩指正時，我會很沮喪、感覺不愉快。這種狀況一再重複，精神愈來愈疲累，搭捷運上班時甚至會感到心悸、忽然就流淚，冷汗也停不下來。

首先，試著休息五天

井上醫師的建議1

B小姐

我突然休假，沒人接手工作的話，會造成其他同事麻煩。而且，我也很難開口說自己身體狀況不好。還有，一想到休假結束時的憂鬱感，我就覺得休假這件事很可怕……。

井上醫師

有些人會像B小姐一樣，對連續放好幾天假或休長假感到不安，怕自己會不會沒辦法再回到工作狀態，或是進公司前心情會不會很糟？

不管是週休二日或放五天特休都一樣，收假時就是會情緒低落，但以B小姐的狀況來說，第一步是要先請特休，暫離工作，確認症狀會不會出現。請先休三天特休，加上週休二日，一連休息五天，以確認是否會出現心悸等症狀。

雖然你很難將身體不適的狀況說出口，不過請特休是員工的正當權利，根本不需理由。

如果主管問起，就說「有私事要辦」、「私人理由」就好了。

交接頂多需要兩天

井上醫師的建議2

B小姐

要繼續在這家公司工作下去果然還是很難，所以我想請留停。不過，還是必須做好工作交接，大概需要再一個月左右。

井上醫師

B小姐發現，休五天假時，那些症狀都沒出現。但一回去工作，身心不適的狀況又冒出來。她自己也判斷應該申請留停，但又說：「我還要交接工作，所以最少還要一個月。」

愈是責任感強烈、認真的人，愈是會認為「就算勉強，每件事也要按部就班地做好」。不過，這麼一來，留停或辭職之日將遙遙無期。而且，在身心不適的情況下，要確實做好工作交接本來就很困難，請體認到這一點。

就算你是初診，醫生也可能視你的病況，在診斷書上註明「請從明天起在家休養」。如果患者希望的話，醫生也可能不只註明必須暫停工作，也會提出交接工作該如何進行的指示。請跟你的醫生討論。

我為B小姐開立的診斷書上即提到：「患者在無法好好思考的狀態下，無法妥善交接工作，最多只宜再進公司兩天。」

此外，診斷書即使是以郵寄方式提交也有效。B小姐是很認真的人，即使身體狀況不佳，還是想特地進公司提交診斷書，但完全沒必要。她可以認為自己是無法進公司的狀態，用電話跟主管報告現狀，再郵寄主治醫師開立的診斷書即可。

逃離令人不快的人際關係是一個成功經歷

井上醫師的建議3

B小姐

只因為跟一個人合不來就離職，我心裡是抗拒的，畢竟公司裡還是有溫柔鼓勵我的同事。而且，搞不好下一間公司裡有更難搞的人，想到這一點我就很不安。

井上醫師

在希望辭職的理由中，「人際關係問題」是很具代表性的一個原因。工作本身當然會把人逼得很辛苦，不過，受苦於人際關係煩惱的人也很多。

不論去哪家公司，應該都會遇到自己沒辦法相處的人。就算現在沒有，之後或許也會有這樣的人進公司。不過，跟過去不一樣的是，B小姐會知道如何跟這樣的人保持距離。這是重點。

我認為，因為人際關係留停或離職是一個成功的經歷。有人會認為，「想逃離不喜歡的人際關係而離職，會導致今後的人生都習慣逃避」，但在精神醫學上，這是錯誤的觀點。持續忍耐才是傷害自己的行為。人類跟猛瑪象或野生動物不同，之所以能活下來，是由於選擇逃避而非戰鬥。人類會逃離自己害怕的事物以保護自己。

換工作後，要是真的遇到不喜歡的人，可以用過去的經驗來因應，看是「想再辭職逃開」或是「試著改變與對方互動的方式」，或是判斷「或許他比之前遇到的人好」。能以新的觀點來思考跟不喜歡的人要保持什麼樣的距離以及如何與之應對。

Ｂ小姐一開始很煩惱，後來為了交接工作進公司兩天，之後留停兩、三個月。在留停期間，她的狀況也恢復正常，甚至可以開始找工作。第五章第一七六頁也會說明，在留停期間恢復健康後，並沒有不得另找工作的規定。Ｂ小姐也是在留停第三個月後開始求職，因此之後辭去原本工作時，也已經確定了下一份工作。

沒辦法不做管理工作，好想辭職！

C先生的狀況（四十多歲，資訊工程師）

身為工程師，我在第一線工作很多年，累積了豐富的工作經驗，四十多歲時晉升管理職，也就是所謂的中階主管。身為中階主管，我必須接受上級不合理的指示，再轉達給下屬，就算我本來就不擅於糾正和指導別人。當然，下屬會不滿，我也必須好好聽他們抱怨。可是，我自己也有不得不完成的工作。我完全就像個夾心餅乾，無法對任何人說喪氣話，每天都覺得筋疲力竭，累積了好多壓力。

我跟公司提過不想做管理工作，但公司不批准。其實，我自己也沒辦法接受這樣。

危險訊號

沒辦法平靜下來、心浮氣躁、變得淺眠等，身體狀態開始慢慢變差，等到察覺不對勁時，已經覺得公司是個可怕的地方了。

你不讓人看見弱點，誰都不會察覺

井上醫師的建議1

C先生

我不希望其他人擔心，所以不能讓別人看到我精神受挫的樣子。

井上醫師

C先生是我擔任職醫的公司的員工，他來找我諮詢，說他「變得沒有自信」。如果你待的公司有聘請職醫，有問題時請不用顧慮，找職醫諮詢。職醫比一般醫生更清楚公司狀況，找他們諮詢的好處是比較容易說出煩惱，他們也比較能向公司傳達員工的要求。

聽了C先生的話後，我知道他遇到的問題就是很替別人著想的典型「好人」常有的煩惱。因為人太好，不管面對主管、前輩、下屬，誰都不得罪。他們本來工作能力就強，也不希望別人覺得他工作能力差，所以很難在他人面前示弱。

不只C先生，精神上被逼迫到一個境界，導致出現危險訊號的人，最好都能更倚賴其他人一點，藉助別人的力量來完成工作。如果你看起來很努力而且狀況很好的話，誰都不會發現你的症狀，然後給予必要的協助。不想讓其他人擔心的這種責任感，就是讓C先生痛苦的最主要原因。

如果不表現出更多的軟弱，C先生自己就會徹底垮掉。

幸好，C先生有能讓他說出真心話的同事，所以我建議他：「請你坦白說出自己的狀況，創造一個能發牢騷和說喪氣話的環境。」但一個月後我再問他狀況，他還是因為「不想讓別人擔心」，而沒有找任何人商量。所以，不意外地，他的身體狀況變得更糟，也因此開始上半天班。身為職醫，我寫了介紹信請他去看精神科，他後來也留職停薪。

我認為他能不帶偏見地去精神科看診這一點非常好。

不要用資歷束縛自己

井上醫師的建議 2

C先生

雖然我覺得「我在公司待那麼久，管理下屬很理所當然」，但我就是不習慣指示別人，也對沒辦法做好這件事的自己感到厭惡。

井上醫師

就像第一章第二十七頁提到的，公司內的「氛圍」會帶來一種壓迫感。公司資歷也可說是這種氛圍的一種。

當然，由資歷較深、對公司有貢獻的人擔任主管，讓他們管理下屬，這一點並沒有錯。事實上，C先生的公司裡，過去也不曾有人拒絕管理職。

不過，C先生就是不適合管理職，就只是如此。公司沒有錯，C先生也沒有問題，也不須用「資深員工當然應該管理下屬」的觀念束縛自己。

C先生的公司希望他申請留停後，等身體狀況變好，能再回公司任職。C先生則對公司提出了希望不做管理職的條件。

能自己向公司主張「希望免除管理職」，這是C先生做得很好的地方。

我也以職醫的身分向公司說明C先生的狀況，不過，組織要變更一直以來的規定並非易事。職醫能向公司提出為員工解決困擾的方法，但能否聽進建議，還是要靠公司的判斷。

所以，狀況後來就演變成C先生到底是要選擇公司或是保護自己。最後，C先生在聽了公司的決定後，選擇離職。他選擇了一個不讓自己身體崩壞的環境。

一定有能夠讓人安心、安全又健康工作的職場，事實上你也能

選擇。

也許薪水會減少，但健康是金錢買不到的。請將工作視為實現健康幸福生活的一個手段，感到徬徨時，請用「健康」這個標準來判斷。

不知道自己想做的事很正常

井上醫師的建議3

C先生

在思考轉職時，我其實沒有特別想做的工作，覺得滿困擾的。因為之前有壓力很大的經驗，我一想到資訊相關的工作，就覺得有點可怕。可是，我之前又只做過這一類工作，其他事都不會，所以很煩惱。

井上醫師

沒有什麼特別想做的事很正常。事實上，很清楚自己想做什麼事，也以此為工作的人非常稀少。關於留停期間的求職，第五章會再詳述。但以C先生的狀況來說，我認為也可以只從「不做管理職」這一點來決定下一份工作。

辭職後的C先生

C先生

我聽了井上醫師的建議後，也覺得「總之，有哪家公司在找人，我就去看看好了」。留停後我心情一直不太好，但這麼做之後，心情就有所轉變，也覺得我能做出對自己而言正確的選擇。

換工作後，我就不用在意公司資歷的問題，又能以一個工作者的身分投入工作了。

更重要的是，我對適合自己的事情做出判斷、表達期望，而在不被接受後，轉而尋找適合自己的環境。有了這個經驗，也增加了我的自信。

有負面情緒
也沒什麼不好。

5

沒辦法再努力下去時的休息方法

工作就是會一直來
不努力處理也沒關係

「這家公司果然不能待！」很多人就算已經決心離開，但就是很難把「想休息」、「想辭職」說出口，結果變成一直在原地打轉。

你是不是也一直為自己找藉口，像是「手上的工作結束後就會變輕鬆了」、「公司會再找人進來，這工作應該還能繼續下去」，然後持續沒有行動？

工作是即使完成一件後，下個工作、下下個工作還是會一件接一件地來。打個比方，使用掃地機器人確實能讓清掃工作變得輕鬆點，但空閒時間和悠閒感就會因此大幅增加嗎？答案是否定的吧。

一件事結束，馬上又有下一件來，即使事情進行得更有效率，還是很快會有新的事占住多出來的時間和空間。就這樣，工作不斷累積、不斷填滿，這可以說是現代社會的運作吧。

如果你不喊停，這個過程就不會停下來；如果你不發出求救訊號，周圍的人就不會幫助你。只要你一直覺得「等這個工作結束的話……」、「我還能努力」，那麼終有一天，你不得不休息的日子一定會到來。

要是比你晚進公司的同事精神狀況出問題，你會嚴厲地告訴他「你休假會造成別人麻煩，不可以休息」嗎？又或者，如果家人跟你一樣因為工作感到痛苦時，你會說「你休息會讓別人困擾，去工作」嗎？

努力絕非壞事，而是值得讚賞的行為。但是，若必須努力到犧牲健康，那就毫無意義。一直以來，你真的都很努力。但工作是沒有盡頭的，你沒必要勉強把它們都攬在自己身上。保留一點能量，會比等你把能量完全耗盡後恢復得更快。

不過，有些人還是無法下定決心立刻辭職。本章將為這些人說明申請留停的過程，以及留停期間的生活。

如果說不出「我想休息」請利用主治醫師

在職場中，即使身心都已出現危險訊號，但要突然跟主管說自己想休息，也還是很困難。有的主管可能會一直詰問你的狀況和休息期間要做的事。

這時請別猶豫，把責任推給你的醫生就好。

首先，看你是要找職醫諮詢，或是去醫院。請參考第一五六頁的「諮詢入門」。我想，醫師在瞭解你的狀況後，多半會建議你休息。如果你透過這樣的診斷，知道自己應該休息，就非休息不可。**診斷書也可以用郵寄的方式遞交給公司**，不用特別親自送去公司說明和道歉。

- 狀況不佳，前往身心科看診的話，醫生就會建議你暫停工作

- 由於診斷書開立後翌日起即適用，所以你隔天不用進公司，診斷書以郵寄方式送交公司即可
- 對於今後工作的分派等為公司造成麻煩之處表達歉意

以上這些事項可以用電話說明，並等候公司指示。

這時可以試著向公司提出兩個要求：「請公司之後能透過e-mail或郵寄信件聯絡，不要打電話」、「希望與公司聯絡任何事都是透過單一窗口」。

如果覺得直接跟公司溝通很痛苦，也可以跟主治醫生討論，請他在診斷書中註明這點。這絕對不是特別的要求，醫師應該能接受。

要是公司裡不同單位的人都來聯絡這件事、那件事，你就完全無法休息了。我以職醫身分判斷員工必須先休息時，也會要求公司能徹底做到上述事項。

開始留停生活，但卻無所適從時，可聽從醫師的指示。另外，第一六三頁「留停中的生活」，是我實際告知患者的事項。不過，

你的醫生會配合你的狀況提出適合的建議，我的說明當作參考即可。

諮詢入門 1
精神科醫師、心理諮商師與職醫的不同

很多人即使被公司和工作逼得喘不過氣來，知道最好該去醫院看診，但就是很難走進精神科或身心科，也不是很清楚去了之後會接受什麼樣的治療，或是該選哪一科。

以下我將說明在什麼狀況下，該找什麼對象諮詢。

①精神科醫師、身心科醫師

精神科和身心科的屬性很相近，也有醫院兩科都有。一開始看診時，不用特別一定要選哪一科。

嚴格來說，精神科醫生主要治療的是憂鬱症、焦慮症和思覺失調症等精神疾病的患者。另一方面，身心科醫生治療的是由於壓力所導致的胃潰瘍、蕁麻疹和自律神經失調等病況。

如果身體發出嚴重的危險訊號，而且極可能是由壓力所造成時，建議前往精神科或身心科看診。

不過，醫生問診時，不太有時間慢慢傾聽患者傾訴煩惱。每間醫院狀況不一，但基本上來說，由於醫生必須為大量患者看診，所以每位患者的看診時間約是十分鐘左右。

②心理諮商師

心裡有疑問，又或者有什麼感受，想好好找人傾訴時，建議你找心理諮商師。

在改變看待問題的方式或思考方式上，心理諮商師能提供很大的幫助。

不過，他們無法針對具體症狀開立處方或診斷書。

至於費用，因為心理諮商目前（二〇二一年）不在保險項目內*，一次諮商的時間約四十分鐘到一個半小時，費用為五千到一萬二千日圓（約一千到二千六臺幣）左右。

因為精神科、身心科醫師與心理諮商師的角色各有不同，也有互相合作提供治療的情況。

③職醫

職醫會造訪公司，為員工做健康管理。他們對企業文化、內部工作規則有一定的瞭解，所以找職醫諮詢不必從頭說起，比起去醫院看診或找心理諮商師來得容易。但另一方面，有些人不想讓同事或主管知道自己狀況不佳，因此會抗拒找職醫諮詢。

不過，找職醫諮詢並不都是因為身心狀況出問題，有的人是為了預防而前來，也有人是不知道該不該去醫院而來尋求職醫的判斷。當然，職醫有保密義務，不會對外說誰來諮詢。

職醫為了判斷症狀背後的病因，會傾聽諮詢者的話，給予行動上的建議。**我認為，如果你的公司有配合的職醫，請先找職醫諮詢。之後，再去找適合的醫療院所或心理諮商師。**

*臺灣目前尚未將心理諮商納入健保給付範圍。但在二〇二一年十月五日，健保署針對「將心理諮商及心理治療納入健保」連署案召開座談會，有關心理諮商部分是否屬健保給付範圍，仍有討論空間。

諮詢入門 2

最好的醫院，就是離家最近的那一間

我以職醫身分接受諮商時，有時候也會建議來找我的人去精神科和身心科看診。經常有人問我哪家醫院比較好，或是請我介紹好醫院。

我總是肯定地說：「請先去離你家最近的醫療院所。」

當然，我的醫院也很不錯。不過，患者在精神疲累，已經無法進公司的情況下，還要特地到距離較遠的醫院看診太辛苦。好不容易到達醫院，已經累垮了。而且，辛辛苦苦到醫院後，醫生的問診時間卻可能很短。

一般來說，剛開始看精神科或身心科時，醫生會安排患者經常

回診。所以更應該選擇離家近的醫院。

頻繁來往醫院的時間大約需要三個月，如果你覺得一開始去的醫院不適合自己，也可以換一家。如果能持續治療三個月，你的身體狀況應該會比一開始改善許多。

最近也有一些可交流看診心得的網站。從醫生的角度來看，這些網站中對於內科和外科的評價，確實可能有些參考價值。不過，去精神科看診，適不適合自己尤其重要，這類網站就不太有參考性。

有些在醫生看來很專業或給予高度評價的醫生，在這類網站上可能被批評是「很差勁的醫生」，反之亦然。

因此，與其參考網站評價，我還是建議患者選擇離家近的醫院。再者，常在媒體上看到的醫生，不一定等於醫術高明，所以我不建議患者一開始就長途跋涉，特別去找某位醫生看診。

我也一樣，即使出過書、在網站上發表文章，但不代表醫術就很高明。

偶爾會有人覺得，我好像魔法師一般能為人消除任何煩惱。不過，我並不會使用魔法喔。

留停生活的第一階段

總之就是休息的無所事事期

一直以來都很努力工作的你，或許沒辦法想像只休息不工作的生活，可能還會對休息感到不安。

你可能會這麼想「大家都在工作，只有我在睡覺，這樣不行」、「要改善身體不適，就要正常作息」，為自己訂下嚴格的規則。不過，不規律也無妨。

留停休養的生活可分兩個階段。

第一階段，是讓大腦充分休息。

我將這階段稱為「無所事事期」。

這時期的重點就是「隨心所欲」地生活。

誰都不想見，那就誰都不要見。

哪裡都不想去，那就一直待在家也沒問題。

一直沒睡，直到黎明時分還醒著，或是睡到中午過後都無妨。不想睡的時候就不用勉強睡，至於午睡，不論何時想睡、想睡幾次都可以。

常有人問我：「日夜顛倒的話，症狀不會惡化嗎？」其實，就算暫時日夜顛倒，但只要狀況穩定後，我們體內的生理時鐘就一定能調回原本的狀態。大部分的人其實本質都很認真，即使聽我這麼說，還是會想過規律的生活。但只要過自己想過的生活就好。

一整天都打電動，或是什麼都不做只是發呆也無妨。

飲食上也不用在意要攝取均衡營養，請在自己喜歡的時間吃想吃的食物，最重要的是要讓大腦休息。

只有一點必須注意，那就是「酒」。醫生如果有開藥，應該也會有指示，但總之服藥時不得喝酒。

除此之外，要做什麼都可以。沒辦法喝酒所導致的沮喪，請用其他事物來排解。

如果你是跟家人一起住，家人也有他們的生活節奏吧。你突然改變生活型態會讓他們擔心，或許也會感到困惑。

所以，看診後最好能知會家人一聲，讓他們知道你接下來的生活方式是醫生建議的，讓他們也能有心理準備。

但如果覺得跟家人在一起，心情會比較平靜，也請依自己的期望來調節生活節奏，比如早餐或晚餐可以和家人一起吃等。

讓大腦充分休息後，生理時鐘也會恢復正常，回到原本的節奏。

早上起床時覺得神清氣爽的日子會變多，身體也會從感覺沉重疲倦變得輕盈，莫名流淚的狀態也會減少，有餘力能投入自己的嗜好……就像這樣，你會實際感受到身心都迎來正向的改變。

接著，再請你切換為「如同度過悠哉假日般的生活模式」。

早上十點左右起床，吃一頓早午餐，下午悠閒地度過，有時候出門採買。肚子覺得餓的時候，也差不多是晚餐時間了，就吃飯、洗澡，然後睡覺。

等到形成這樣的生活節奏後，就是邁向下一個階段的時機了。

留停生活的第二階段

為工作開始做準備的活動期

不勉強自己，自然調整成「如同度過悠哉假日般的生活模式」後，就差不多可以開始做工作的相關準備，比如思考重回公司或是另找新工作等。不過，絕對不要焦慮。

留停休養生活的第二階段，是做「模擬上班」的復健活動。

我稱這段期間為「活動期」。不過，跟骨折或任何疾病一樣，復健期都是最累人的階段。對精神狀態不佳的人而言，這階段也很辛苦。

復健期的生活有三個重點。

重點一，是調整「生活節奏」。

在此階段，終於要讓鬧鐘登場，要將生活模式從前述的「悠哉假日模式」轉變為「上班族平日的生活方式」。

首先是早上，請開始在你之前上班時的起床時間起床。再來，是一天吃三餐，用餐時間也大致確定下來。起床、吃早餐、吃午餐、吃晚餐，每天請留意做這四件事的時間，以調整生活節奏。

這四個時間的節奏調整好後，再來是在上午活動一下身體，你可以散散步、買東西，或是依之前上班的路線走一段路。

第二是恢復「體力」。

要是沒有體力，即使好不容易回到工作崗位，也無法每天通勤。一週五天，每天一早就在車站裡上下樓梯、搭乘擁擠的捷運去公司，在公司裡一直坐著處理公事或去拜訪客戶，傍晚再搭一樣擁擠的捷運回家。

事實上，工作所需的體力並不一般。

但在經過前面的無所事事期後，體力會變得特別差，所以在這個階段把體力找回來很重要。

具體來說，我建議健走，而且事先決定好星期幾要走、每次走多久。每週頻率一到三次，以很難跟別人說話的速度快走。一開始的目標可設定為十五分鐘左右。重點是不管天氣炎熱或下雨，只要是自己決定的日子就不能休息。

這是為了去公司上班所做的訓練。「天氣很熱，所以我不想去」、「外頭在下雨，所以我不想去」，公司可不會允許這樣的藉口。

習慣健走後，請再設定新目標：「每天上午走三十分鐘路」、「每天外出三小時以上」。上午去徒步三十分鐘可走到的地方，看看書或是買個東西後就回家也無妨。出門後要做什麼都可以。

如果考慮要復職，可以在此階段試著「模擬通勤」，跟之前上班時一樣，早上在固定時間起床、做準備，然後出發前往公司附近。很多留停的人在休息一陣子後，也會向我表達想回去上班的意願。公司如果願意協助，我會請當事人進公司，跟同事打個招呼後就回家，這也是一種滿好的復職訓練。

第三個重點是鍛鍊「思考力與集中力」。

關於這部分，我建議可以閱讀與工作有關的資料或書籍。閱讀時，也可以確認身體有沒有頭痛或噁心等強烈的抗拒反應。如果能讀兩到三小時，並能理解內容，就表示已經具備思考力與集中力。也可以把內容重點整理出來，或是把覺得有趣或感興趣的部分寫下來。

閱讀的場所，盡可能選擇公司附近的圖書館或咖啡館。外出到公司附近，可以作為通勤訓練，而坐在椅子上閱讀，可以確認自己能集中精神到什麼程度。

習慣後，再試試看能否延長時間為半天。如果能坐在桌子前閱讀半天，離復職之日就愈來愈近了。

留停休養期間也可以出門玩

留停休養的人如果出門玩或旅行，經常會招來批評：「你留停明明是為了要休養耶！」

會這麼說真的是不瞭解狀況，讓人感到遺憾。

從治療者的立場來看，我認為**如果患者想去玩、想去旅行，不管他想去幾次，我都希望他去。**

遊玩會耗費體力，也會帶來壓力。所以，能玩、能出門去什麼地方，也證明氣力與體力已經恢復到能出外遊玩的程度。再者，享受快樂時光也有助恢復，所以我希望患者盡量去玩。

也有人會挖苦你：「沒辦法工作，卻有辦法去玩啊。」但工作所承受的壓力跟遊玩承受的壓力不同，當然工作的壓力比較大。留停調養的人在恢復過程中，一定會經歷「能遊玩，但還無法工作」的階段，沒有什麼可批評之處。會有這種聲音，只是社會對這件事的理解還不夠而已，你無須有罪惡感。

話雖如此，但確實有很多患者會在意，覺得這時候去玩好像不太好。因此，我經常給的建議是「先從週末」開始。

前一節我也對「活動期」做了說明，不過，個性認真的人就是會從週一到週日都不休息地投入復健。所以我建議，這時期可以跟工作一樣，採「週休二日制」，在週末休息。

也有很多患者平常進行健走或閱讀等復健活動很辛苦，週末累了只想休息，這也無妨。反正是假日，做你喜歡的事就好。

如果覺得兩天不夠，還想再玩、想去什麼地方，也可以安排長假。我希望患者在持續復健的同時，想玩就去玩，不用顧慮太多。

不過，將遊玩的樣子上傳到社群網站就得十分注意。當然，不是說一定不能發文，但可能有人看了後覺得不快也是事實，還是避免刻意公告周知比較好吧。

留停期間求職的五個重點

在留停休養期間，如果活力恢復到一個程度的話，也會開始有想換工作的心情吧。不過，於此同時也會感到不安：「我能做好工作嗎？」、「換了工作後，會不會也還是有痛苦的時候？」

首先，我想讓你知道，留停或離職都是「成功的經歷」。

你是為自己的身心著想做出這個決定，請對這一點有信心。就算感到不安也沒關係，只要開始行動，一定有路可走。

在此我整理出留停期間求職的五個重點。請參考這些重點，以平常心踏出下一步。

重點 1　留停期間找工作也沒問題

我覺得在留停期間找工作是一件很好的事。

很多人會先入為主地認為「留停時不能找下一個工作」，但法律上並沒有明令禁止，你也不用顧慮現在的公司。

不過，求職活動中最需要的也還是健康。不管只是寫履歷，或者只是跟人力仲介或心儀的公司聯絡，都需要能量。**要找工作的話，請在一進入「活動期」就開始。**

鎖定下一間公司並開始行動，這件事本身就有鼓舞人的力量。搜尋你感興趣的公司資訊，或者去面試，這些過程也是復健活動的一環。

請不用慌張，覺得一定要早點決定才行，找工作與照護身心同時並行，對於恢復健康以及你的未來都能帶來正向的加乘效果。

重點2　記下感興趣的求才資訊

找工作時，你應該會先確認人力網站等資訊。這時只要看到徵才訊息中有讓你有點興趣的公司、職業，就請把它們一一記下。

打心底感興趣或喜歡的感覺非常重要。請不用拘泥於過去待的行業或工作內容，而是留意自己感興趣的類別，這樣可能會有意想不到的發現，也更能開啟新的可能性。

這時不用擔心自己「可能會失敗」或是「到這年紀了才轉行好嗎？」。事實上，不真的進入那家公司做那份工作，不會知道有什麼結果。如果發現自己不適合，再找其他工作

就好了。

我希望你理解一點，**找工作不需要設定高目標或具有強烈的熱情。**人生的目的是「過健康幸福的生活」，工作只是達成目的的手段之一。不管如何就是想進某家公司的人其實很少見，多數人一般都是為了擁有安定生活而去做一份工作。雖然我提到可留意「喜歡」的工作，但只是以**「既然要工作，那就找自己感覺可以比較享受」**這樣的心態工作也沒問題。

重點 3　看重「不會改變」的事情

找工作時，針對條件決定自己的優先順序很重要。我認為，在決定優先順序時，可以把重點放在「不管怎麼工作也不會改變」的事情上。

例如，「離家距離」、「底薪」、「公司福利」等，這些條件比

較不會在你進公司後，產生理想與現實間的落差，可說是絕對要考量的條件。

就算工作有讓你不滿的部分，但如果自己優先順序高的條件得到滿足，比如「但公司離我家很近」、「反正我也獲得相對的報酬」等，就能夠接受。

工作有價值或自己感到憧憬等的標準，無論如何一定會發生變化。因此，以看得見、能量化的事來判斷，絕對比較輕鬆。

重點4　重視網路評價

有些人對目前的公司不滿，想另找工作時，卻會因為強烈的恐懼而卻步。「我不希望又遇到爛公司」、「我不想再失敗了」。

這時，請去瀏覽一下網路上對各家公司的各種評價。

人類是會對未知事物感到十分恐懼的生物。這是一種生存本能，很難壓抑。不過，就像要進去鬼屋玩一樣，只要知道「這裡會有鬼出現」，就稍微不會那麼害怕了。

只要搜尋一下網路，就能找到很多轉職網站，網站裡網友的討論和評價，是能夠為你降低恐懼感的寶庫。仔細瀏覽所有留言，能幫助你事先確認該公司的人際關係或是否經常加班等讓你擔心的事。這麼做很重要，對日後你進那家公司工作也會有幫助。

如果你調查的是知名企業，也能利用有些人想讓別人知道自己在知名企業工作的心理，可以試著搜尋一下有沒有員工的社群媒體或部落格等。找到後請不要光是看內容，也要注意一下發布時間。爬梳他們的生活狀況，也就能大致掌握公司的氣氛，像是「看起來總是加班到很晚」或是「主管感覺人很好」等。

另外，也可以善用轉職仲介來獲取資訊。仲介會仔細瞭解你對之前的工作有什麼不滿、接下來找工作會重視什麼條件等，再幫你介紹適合的工作。也有很多單位能提供這樣的免費服務。

如果你在調查過後，覺得某家公司不好，也就不用投履歷。反之，要是覺得那家公司至少比之前的好，自己可以妥協，就能進行下一步。事前若能做好功課，遇到狀況時應該就比較不會那麼受挫。

重點5　不要被轉職憂鬱打敗

「決定去這家公司真的好嗎？」找到下一個工作後，有些人會開始不安。這是很常見的情況，日本甚至給這種情況一個專有名詞：「轉職憂鬱」、「錄取憂鬱」。

在找工作的過程中，你會覺得自己終於能擺脫前公司，也會比較正向積極。

不過，一旦確認找到新工作，塵埃落定後，你就會冷靜下來，然後開始想像未來，並與過去比較。你會感到不安，「我在新公司的人際關係會沒問題嗎？」、「我能做好工作嗎？」，或許腦中還會閃過一個想法：「會不會還是之前的公司比較好？」

尤其在留停期間與公司保持距離後，隨著身心狀態恢復，你或許還會認為「也許回原來公司也沒問題吧」。

於是，對新環境的不安，讓你否決了無法繼續待在前公司的判斷。

我希望你能知道，任何人在面對新挑戰時都會湧現這樣的不安，這是當然會有的心情。但這種心情只是一時的，等待時間過去，開始上班後，你就會完全忘記。即使確定新工作後感到不安或迷惘，也不要被情緒帶著走，請忍耐一下，等情緒過去。

話雖如此，但獨自忍受實在很辛苦，這時你可以找有轉職經驗的人聊聊，跟他訴說你的煩惱及想說的話。跟有相同經驗的人交流，能得到強烈的共鳴與安心感。

再者，剛進新公司時，短時間內你應該能準時下班或是相對早一點下班，所以你也可以先想想屆時下班後要做什麼，例如開發好吃的餐廳、去健身房運動，或是去看電影等，總之不要胡思亂想。

此外，去下個公司報到前，你也可以安排旅行、開始學習新東西，或是以考取某項執照為目標等。利用第一章第三十三頁介紹過的為了找出自己軸心所列的「喜歡的事物清單」，讓自己的心情變好、重振精神。希望你能利用各種方法來轉換心情，克服這一關並朝下一個階段邁進。

幸福出乎意料地就在你身邊喔。

6

「這家公司很糟，所以我想辭職！」這時候你需要知道的事

你的目標應該是表面上的好聚好散

終於準備要離職了，這時候第一優先的事不是寫辭呈，也不是跟主管約時間面談。

而是謹記「不管如何，要以表面上的順利離職為目標」。

如果你待的公司是你能誠實說出理由、把剩下的特休請完並且順利離職的公司，那麼這一章你也可以不用讀。

不過，讓你覺得很糟的公司，應該不會讓你那麼順利離職。主管可能會全力挽留你，搞不好你可能還會被討厭。

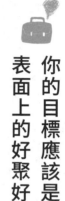

我想告訴你一些盡可能和平離職的重點。

最重要的是，不要做出讓主管和同事會責怪你的「讓人觀感不佳的事」，以及就算有什麼他們會責怪你的事，要怎麼讓他們接受而且作罷。

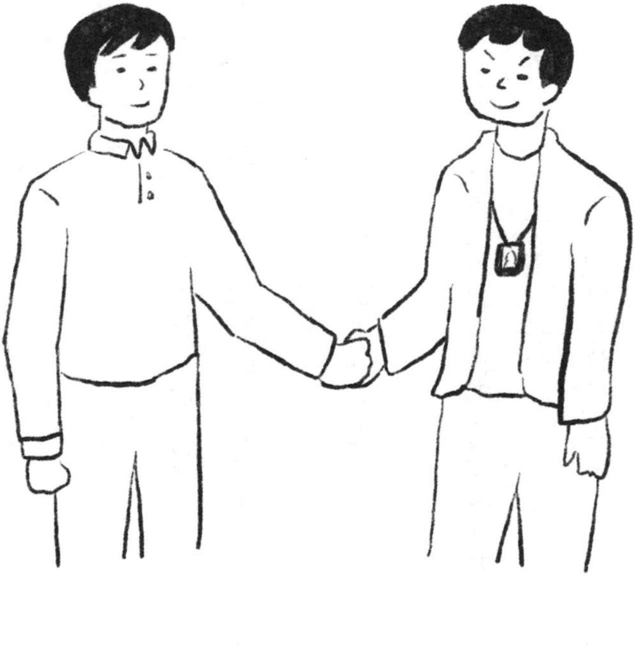

步驟0 確認公司的工作規則

員工人數十人以上的公司*，一定會訂有工作規則。**工作規則中會詳細說明加班規定、工時規定、有薪年假、特別休假、離職規定等，所以離職時要先確認。**

這些規定通常寫得較繁瑣，請盡可能在決定離職前，身心狀態比較好的時候就先閱讀，所以才說是步驟0。

即使公司沒有公布，但勞基法規定雇主必須將此規則揭示及保管在公司內容易看到的場所，或是將電子檔放在公司電腦的公用檔案中，好讓員工隨時都能查看。也可以向主管或人資表明想確認工作規則。

不過，我希望你記住，工作規則頂多就是公司制定的規則，是

雇主的期待。如果未遵守並不犯法，還是要以勞基法為優先。

例如，公司的工作規則載明「員工須在公司受理離職後三個月方得離職」，所以公司不讓員工在提辭呈後一個月離職，但這件事並不成立。

依日本的法律規定，員工只須在兩週前提出辭呈即可。**

但我是希望你能以表面的順利離職為目標，所以請還是盡量以公司的工作規則為主。

不過，如果你因為身心狀況不佳，沒辦法再持續工作，那當然是以你的身體健康為優先。

*臺灣的勞基法規定，員工人數三十人以上的公司，雇主須依法訂立工作規則。

**臺灣的勞基法規定，工作三個月以上，未滿一年者，須在十日前預告；工作一年以上，未滿三年者，須在二十日前預告；工作三年以上者，須在三十日前預告。

很難順利離職的話，還有「代為離職」服務的最終手段，如果公司不管怎麼樣就是不受理辭呈，你也可以用郵寄存證信函的方式寄送。

依循我接下來要介紹的步驟做，也可能還是無法離職，屆時就放棄表面的圓滿離職，採取最終手段吧。

步驟1 提出公司能接受的離職理由

最重要的是不需要跟公司鬧得不愉快就順利離職，這是步驟1。好的離職理由有一個重點，那就是要讓公司覺得你提出的理由，公司也愛莫能助。

如果你已經請留停調養身體，也可以直接說「我也休息一段時間了，但還是不確定何時能恢復，所以決定離職」。

不過，如果之前都沒問題（至少公司這麼覺得）的人突然坦白說：「因為公司的勞動條件太差，我想辭職」、「我再也受不了某某人的職場霸凌」，那麼自然免不了與公司關係交惡。

如果不管如何就是想指出公司的問題，那應該早在決定辭職之前，例如跟公司交涉調部門時提出。要是看不到公司有改善的可能，那就安靜地以表面上的圓滿離職為目標，比較省力。

我建議的離職理由包括「結婚」、「照顧父母」、「要跟朋友一起創業」。

- 我要結婚了，另一半希望我辭職
- 我要回老家幫忙
- 家人希望我辭職回去照顧

這些都是跟家庭有關的理由，不管公司怎麼說，狀況都不會改變。

或者是「朋友邀我一起創業」這種**讓公司覺得不是你一個人的事，還跟其他人有關的理由也不錯**。

「我已經找到新工作」這個理由雖然也沒錯，但還是會讓公司不滿，也會讓人發現你私下找工作，會造成有些人觀感不佳。因此這麼說無法達成表面上的圓滿離職，最好還是另找理由。

這些理由全都是編出來的，不過，沒有人能追查後續狀況。

如果還是擔心謊言被揭穿，那辭職後再提出一個說法就好，例如「我後來不結婚了」、「我請其他人去照護我父母了」。

有的人就是不喜歡說謊，但照實說很可能會跟公司鬧得不愉快，最好還是避免。

從提出辭呈到正式離職，你大概還要再待一到三個月，屆時要是被挖苦「反正你就是對我們公司不滿吧」、「已經找到工作了耶，真好」之類的，或是遭受類似對待，也會對你的精神造成傷害吧。說謊也是權宜之計。

提出一個公司無能為力的離職理由，也是表現出一種態度：「我不是對公司有什麼不滿，只是必須配合身邊的人不得不離職」，這樣就能避免遭受厭惡。

之前有人順利離職的話，模仿他的理由也是一個方法。

公司內如果有你信賴的人，就算離職後也想跟他保持關係，也可以找他討論有沒有什麼不錯的離職理由，並坦白告訴他：「雖然我用這個理由離職，但我離職後是真的還想繼續跟你做朋友喔。」

步驟2 先在心裡決定好離職日期

想好離職理由後，接著是決定離職日期。

決定離職日很重要，如果不確定下來，僅是表達離職意願，就很有可能在配合公司的情況下一直將離職日往後延。

此外，大家都知道你的離職日後，你也很可能受到公司其他人不必要的攻擊。請先默默在心中決定好日期，再配合公司的工作規則提出辭呈。

我會建議，你心裡決定好的離職日期至少是提出辭呈的三個月後。

當然，如果希望拿到獎金再離職，離職日或許會抓更久之後；

反之，若真的很難再繼續工作下去，最少也要預留兩週。**不過，我會希望你盡可能把特休用完再離職，而且留下六個月的加班紀錄。**

有些人的特休甚至有二十天之久，如果連續請的話，三個月很快就過去。至於加班紀錄的部分，第一九八頁的步驟3會有詳細說明。

如果能決定好離職日，心情也會稍微平穩一點。一旦在心裡決定好離職日後，從提出辭呈到最後上班日，能盡量維持心情穩定、帶著笑容工作，這是最好的狀況。

離職是否會發生不愉快的事，說到底都和人際關係有關。如果在不愉快的情況下提出辭呈，那麼直到最後上班日為止，都會處於很糟的氣氛中。

所以，即使離職過程有什麼不合理的地方，也請忍耐一下，成熟對應，如此才能保護之後的自己。畢竟這時期再怎麼長，也是幾個月而已。

步驟 3

取得離職日往前回溯半年的加班紀錄

決定好離職理由、確定離職日期後，下一步是取得從離職日往前回溯半年的加班紀錄。例如，決定九月底要離職，就確認自己從四月開始的加班紀錄。做這件事不用慌張，離職前做好就可以。

之所以要取得這份紀錄，是因為如果離職半年後符合以下任一項，日本的就業服務所（Hello Work）就會認定你是「特定受給資格者」（符合特定給付標準者）。

①一個月以上，每個月加班時數超過一百小時。
②連續兩個月的平均加班時間超過八十小時。
③連續三個月以上，每個月都加班超過四十五小時。

它們都是日本認定為已達所謂「過勞死線」的標準*，不管是因為個人或公司的因素離職都適用。

如果是因個人因素離職，給付會有一些限制，雖然可請領失業

*臺灣對過勞認定的參考指引是比照日本的認定基準，但僅供醫生診斷職業促發腦血管及心臟疾病的評估參據，用來協助勞工保險職業病給付及相關補償的行政認定。

給付*（加入勞保，且健康狀況允許工作，但卻找不到工作的人可利用的制度），但給付金也可能需要等兩到三個月才會入帳。

另一方面，非自願離職的失業給付則沒有限制，款項也會比較早入帳。再者，依據年齡及工作時間長短，得請領失業給付的期間也比自願離職來得長。

特定受給資格者的認定需要正式證明。如果你有將薪資明細保存下來，可以用它來申請。但如果薪資明細中沒有加班時間的紀錄，或是你沒有把薪資明細保留下來，請跟負責的同事申請勞動紀錄。

另外，比較晚下班時，你也可以拍下公司裡時鐘顯示的時間。原則上，像這種自己做的工時紀錄也可作為加班證明。

此外，由於憂鬱症等疾病離職的特定理由離職者，除了可請領傷病給付（加入社會保險者，由於受傷或疾病無法工作時得以獲得保障的制度）外，在申請失業給付時也同樣沒有給付限制，能比較早領到錢（關於傷病給付，第二〇四頁也會詳細說明）。

但必須要向職業介紹所提出診斷證明。

不過，持有「精神障礙者保健福利手冊」的人，雖然也要看就業服務所判斷的結果，但他們比較容易認定持有手冊者為「就職困難者」，而非「特定理由離職者」，能申請失業給付的期間最多可延長三百六十日。

被認定為「特定受給資格者」及「特定理由離職者」，除了上述的失業給付外，依各縣市的規定不同，有時候也能減少保險費。

*臺灣只有非自願離職者才能申請失業補助，因個人因素而自願離職者不在補助範圍內。

這一點在離職時很容易忘記，但不少情況是離職後保險費成為負擔。

不清楚相關制度的人很多，但這是勞工的正式權利，請不要有罪惡感，淡定地收集資料。

相關專有名詞＊

特定受給資格者　因公司倒閉或遭解僱等理由，沒有充分時間找新工作就被迫離職者（身體雖然健康，但工作過度，已達「過勞死線」標準，因此沒時間再找新工作的人也適用）。

特定理由離職者　特定受給資格者以外的人，如勞動契約未更新（比如約聘員工的合約到期等），以及因其他不得已理由而離職者（因罹患身心疾病而請特休調養，之後再離職者也包含在內）。

就職困難者 高齡者、殘障者、單親媽媽等在就業上有困難者（由於精神障礙而取得「精神障礙者保健福利手冊」者也包內在內）。

失業給付 加入勞保，且雖然能健康工作，但找不到工作的人可利用的制度。在日本由就業服務所給付。

傷病給付 加入社會保險者，因受傷或疾病無法工作時得以獲得保障的國家制度。由保險單位（全國健康保險協會或健康保險組合）支付。

*為日本情況，臺灣符合資格者的勞工皆可請領失業補助或傷病給付，並未針對特定群族給予專有名稱，高齡者、身障者或青年相關的就業補助可至勞動部勞動力發展署網站的「就業相關補助」專區查詢。

認識傷病給付
它是你身體出狀況時的可靠夥伴

身體出問題，必須暫停工作或離職時，傷病給付是可靠的夥伴。**所謂傷病給付，指的是加入社會保險者，由於受傷或疾病無法工作時得以獲得保障的國家制度。**符合以下四個條件，即有資格請領傷病給付。

①非因執行業務所致，需要療養的傷病（如果是執行業務或執行業務途中造成的傷病，就不是請領傷病給付，而是勞動者災害補償保險*）。

②因傷病必須療養，無法工作（非由當事人或家屬判斷，必須

由醫生判斷）。

③包含連續三天在內，四天以上無法工作（開始停止工作的前三天為等待期。因為前三天也可認定為有薪年假、公休、曠職等，而且連續是必要條件）。

④傷病休養期間無法領薪（可領薪者不符條件。如果可領部分薪資，則支付傷病給付扣除薪資後的部分）。

傷病給付的支出金額，是以給付開始日之前的十二個月平均月薪為基礎，將此金額除以三十得出日薪，再以日薪的三分之二為支付金額。

支付期間從開始給付日算起，最長為一年六個月。

*臺灣的職災傷病給付制度請參考「勞工職業災害保險及保護法」。

要請領傷病給付，首先是將申請書繳交給公司的總務或人資，或是以郵寄方式遞交。

申請書一共四張，兩張須由你填寫，一張給公司，另一張由主治醫生填寫。

全部填寫完成後，再向保險單位（全國健康保險協會或健康保險組合）申請傷病給付。一般是由公司來申請，但如果公司就是不習慣這個作業，你直接郵寄申請也可以。

此外，留停期間請領傷病給付，並在之後離職者，如果符合以下兩個條件，離職後也能繼續領。

①到離職日為止，工作年資滿一年以上。

②離職時有領傷病給付，且符合請領條件。

附帶一提，傷病給付的前提，是勞工因受傷或疾病等身體不適，以至於無法工作。

另一方面，失業給付的前提，是勞工身體健康，也能從事下一份工作。

身體健康與否會影響給付的認定，勞工不得同時領取兩份給付。因此，離職後在領取傷病給付的期間，如果身體恢復健康，可以開始找工作，就必須辦理手續轉換為領取失業給付金。

失業給付的部分，可以諮詢就業服務所。*

*在臺灣，勞工可至各地就業服務機構（如青年職涯發展中心、就業服務臺等）諮詢。

如何應對施加壓力挽留的主管

在表達離職意願後，主管可能會提出各種歪理來挽留你。

「你現在辭職的話，之前的努力都白費了，這樣好嗎？」（狡猾派）

「像你這樣的人，去別家公司是不可能順利的。」（霸凌派）

「之後會換部門啊，你就再努力一下吧。」（為你著想派）

諸如此類，主管會以巧妙的言語來動搖你。

這些挽留你的話，不管是狡猾派、霸凌派或為你著想派，基本上全都一樣，只是為了不讓你離開公司的手段。

當然，你仔細思考後決定留下來，也是一種選擇，**但我並不建議你受這種話影響，做出不辭職的判斷。**

如果要我反駁的話，我會說，絕不是「現在離職，過去的努力就白費」。再者，「你在其他公司當然也能把工作做好」。還有，「如果現在能調部門，更早之前你應該就可以換了」。

要是你一表示想離職，公司最終依你所願做調整，這才是十分危險的徵兆。

說到底，公司本來並未發現你辛苦到甚至考慮離職，或是就算察覺，也未採取任何行動。所以，即使暫時減少你的工作量，或是幫你調部門，我還是覺得很難持久。之後要是真的不了了之，你對公司的不信任感就會更強烈。

這麼一想就會覺得，主管挽留你的話只是解決當下問題的話術而已。

事實上，抗拒下屬離職都是基於這種心理：**「我自己也是一直**

這麼辛苦工作、待在這家公司，你想自己逃走的想法真是太天真了，我絕不允許」。又或者，**主管也許只是努力不想讓自己的管理績效變差。**

所以，主管若以前述方式企圖挽留你，你的重點是表面接受對方的說法，但其實聽過就好。

「很抱歉，工作變成都落在你身上了。」

「你說得沒錯。」

然後，這時就可以試試步驟1「退職理由」的效果。如果你設定的離職理由是家人要求，就說「我雖然很想繼續工作，但家人都這麼說了，我也沒辦法。」仔細思考離職理由很重要，也是為了因應這種情況。

不管如何，一旦提出離職意願，主管多少都會表示挽留。正確的態度是不用想太多，和顏悅色地回應就好。如果主管硬留人的方式很惡劣，請參考第二一七頁「無論如何都能離職的方法」。

請特休被擋時 你可以這麼因應

我在第一九六頁雖然提到「離職前要把特休都請完」，但有些公司很難用特休，或是你自己很難開口說要請特休。還有人甚至無法確認自己到底有幾天年假，或是很難說自己想確認。

確認自己還剩幾天特休，才方便安排旅遊計畫或避免曠職，是再理所當然不過。

一般來說，員工想確認自己有幾天特休，資方並不會多想。但有些人會因為公司裡請特休的比率很低，所以對確認特休這件事感到不安，「如果我問自己還剩幾天特休，主管會不會猜想我是要離職」。請不要太神經質，自然地確認就好。

不過，有些公司會在員工要請特休時施壓，「你該不會請完特休後就離職吧？」、「怎麼可能讓你請特休」。也有公司根本當作沒有特休這回事，對於特休的事閉口不談。

在此情況下，如果你想捍衛自己的權利，跟公司確認特休天數等事項時，請一定要用電子郵件，不要只是口頭確認。口頭確認很容易產生有沒有說過的問題，留下文字紀錄，之後才可以當作證據，證明對方說過。

例如，你可以寄出這樣的電子郵件：「我的特休還剩〇天，我離職前可以用掉〇天特休嗎？」並把主管的回覆也存起來。

當然，你在請特休時遇到阻礙，也可以直接去勞保局等單位諮詢，或者如果有留下前述的書面證據，公司也可能因此讓你請特休。

再來就是看你自己的心情。如果因為請特休的事跟公司對抗，精神上承受痛苦，或是你希望直到最後都不要跟公司鬧得不愉快，而且即使沒請特休，好像也能繼續工作的話，也可以依公司說的不把特休消化完，直接做到離職日。此外，也有公司會把沒請完的特休折換現金，你也可以試著問問看。

請不要被公司氣氛左右，是要表達「想請特休」的意願，或是放棄請特休，進而換來和平離開，主導權是在你手中。

無論如何要留下書面紀錄以防被刁難

「主管不同意我把特休請完」、「不管如何就是把工作硬塞給我」、「主管說了很難聽的話」諸如此類在提出辭呈後遭遇刁難，無論如何請留下書面紀錄。

如果對方只想口頭溝通，你可以說：「因為我想留下討論的書面紀錄再做確認，等一下我會寄 e-mail 給你。」然後，在信中寫下你們之前的對話，如此就能留下紀錄。

這麼做也能給對方帶來一定的壓力，就算無法達成「表面上的圓滿離職」，但你也就可能比較不會受到刁難。雖然之後你們的關係也不可能太好，但你就公事公辦應對就好。

複述對方的話做確認，也能帶給對方壓力。

「你不同意我請特休，對嗎？」

「做那項工作的話，我一個月會超時工作四十五小時以上，即使如此，我還是必須做，對嗎？」

一再重複這種應對方式，對方就會覺得你話裡好像有什麼涵義。

不過，這種態度可能讓對方退縮，卻也可能使對方更加惱羞成怒。對方的反應若是後者，就請你盡快逃離吧。這表示，這家公司真的沒辦法待了。

你只要說：「我身體不太舒服，今天想早點下班」。等離開公司後，再把對方的言行記錄下來，之後就不再進公司。這麼做也無妨。

你一直奮戰、忍耐至今，心靈一定也很強壯了，之後不管去哪家公司都沒問題。

最後就是找勞工局
無論如何都能離職的方法

你害怕公司的反應，不敢說想離職；你感覺自己已經無法與公司的無理對抗；就算你提辭呈，公司也不受理；你提辭呈後，公司就拚命刁難你……如果你因為上述任一原因無法再忍耐下去，也有最終手段，**一個讓你能斷然不去公司的方法。**

雖然這個方法跟本章談到的「圓滿離職」差距很大，但只要你一直不進公司，公司就會承認你的離職。**你只要將辭呈以存證信函的方式寄出，連續兩週不進公司，把特休用完或者曠職，就無須**

再進公司*。

如果你都這麼做了，公司還拿出工作規則來，不承認你離職，這時請不用猶豫，直接前往勞工局。

一聽到勞工局，很多人會覺得它很難親近，但它跟區公所、市公所一樣，是很貼近我們生活並且可以多加利用的組織。它不是氣氛森嚴的建築物，職員也會詳細地提供諮詢。

地方政府也會定期安排專人提供法律諮詢，這也是可利用的方式。日本司法支援中心也提供免費的線上與電話諮詢**。

另外，雖然會產生費用、門檻或許也比較高，但找律師或離職代行服務業者***諮詢，也是有效的方法。

即使是面對過各種諮詢的我，也遇過從未聽聞的惡劣公司環境及人際關係問題，導致員工無法再待下去。

違法的是公司。你可以不必再讓自己的身心受到剝削。交給其他人來處理，也是一種選擇。

*在臺灣，勞工提離職是勞工的權利，單方面提出就會發生效力，不需得到雇主的同意或核准，就算公司規章有註明，也會因為違反法令而無效，勞工只要遵守離職預告期間即可。

**在臺灣，法律扶助基金會提供勞資爭議的免費訴訟，或者勞工可上勞動部網站諮詢申訴或撥打1955申訴專線。

***提供「幫你向公司提離職」服務的機構，近來在日本愈來愈流行，且根據二〇二一年的一份統計報告顯示，使用這項服務的有六成為二十到二十九歲的年輕人。

強留在公司
你會失去的五個事物

公司一直挽留你，你也只好不停與之拉扯，在感到疲憊之際，你或許會產生「繼續待在公司也不錯」的想法。當然，得出留下來的結論也不算是錯，但這是不是你在跟公司交涉的過程中耗盡能量、筋疲力竭下所做的判斷？

現在，請冷靜下來，思考一下你繼續留下來工作會失去的事物。我認為，在原本想離職的公司內繼續待下來，你會失去五個事物。

①健康

壓力導致你睡眠品質不好，逐漸腐蝕你的身心。你的精神備感窘迫是一定的，為了緩解壓力，你會增加菸酒等放縱物品的量，食量也會增加。

你可能更常宅在家，減少外出次數，以至於也會有變胖或肌膚變差的問題。比起現在，你確實失去更多健康。

②金錢

很多人會擔心離職後到換下一份工作前的經濟狀況，但事實上，一直待在讓你充滿壓力的公司裡，錢才會變少。

為了緩解壓力而暴飲暴食、買東買西，會比精神穩定時花更多的錢。若從人生整體的支出來看，我想這段期間為了舒緩壓力所花的錢一定很可觀。

③人際關係

要是精神處於很緊繃的狀態，你會疏遠親朋好友。他們想讓意志消沉的你放鬆而邀你出門，你也不理會，偶爾還會覺得他們很煩。

再者，精神承受太多壓力時，你也會任性對待最親近的家人，對他們發洩情緒，如此一來，與家人的關係也會變差。

④自我肯定感

雖然理智上明白，無法辭去工作不是件好事，而且自己是真的必須立刻逃離這份工作，但有些人還是壓抑這種認知，欺騙自己的心。我看過很多人因此變得很不喜歡自己，也承受極大壓力。雖然想發出求救訊號，但是與朋友變得疏遠，跟家人關係也不好，只能自己獨自面對問題，結果變得沒有自信。

⑤時間

過長的勞動時間、花費在不想做的工作上的時間、想努力讓人際關係變好的時間，這些全是在浪費時間。失去時間，最終就會失去想做的事和自己想要的「未來」。

健康、金錢、人際關係、自我肯定感以及時間，這些都是人要活得身心健康非常重要的元素。如果自己也清楚這些部分都已經被剝奪，那現在就是無論如何都要辭職的時候了。

如果重要的人告訴你他已經沒辦法在公司待下去時

如果你的家人、愛人、朋友等重要的人，在公司受到不好的對待，但又表示沒辦法辭職時，**請好好傾聽他的話，並告訴對方，「任何時候你都可以找我聊聊」**。

不要馬上勸他辭職，或是說「你不能講這樣的話喔」，否定對方的感受。

就算給予對方建議，但適不適合對方，或實行起來容不容易，只能由對方來判斷。而且有些時候，比起馬上辭職，先休息一下比較好。

比起給建議，**更重要的是讓對方知道「我會在你身邊」、「你就算說出負面的話也沒關係」**等。如果發現對方出現許多危險訊號，也可以提議：「我跟你一起去醫院，好嗎？」

尤其如果是家人，由於在一起的時間很長，在聽對方傾訴心情後就會想關心他「你在公司還好嗎？」、「你狀況好嗎？」。這種心情我也瞭解。

不過，「還好嗎？」這種提問，在對方心情不穩定時，是很難回答的問題，會讓對方感到不安——「今天雖然還好，但明天不知道」、「如果我說今天狀況不錯，那明天是不是就不能說不好？」

這種時候也請你告訴對方：「有什麼事就跟我說，看是想吃什麼或想做什麼都好，我都會幫你喔。」

不只是跟對方聊公司的事或病況，也表現出生活中能給予支援的態度，這一點很重要。

本書也一樣，是從「接納自己的感受」、「確認危險訊號」、「身心恢復健康的實例」、「關於留停休養」、「關於離職」等的階段依序說明。

不是馬上就給出答案，而是慢慢地、長期地陪他一起面對，更重要的是尊重煩惱者的心情。

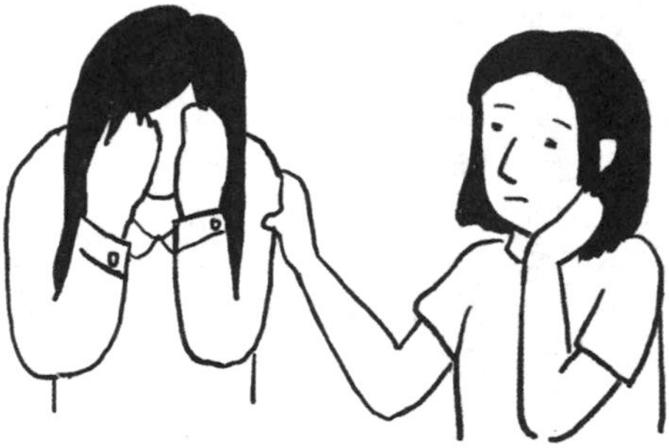

後記

到目前為止，我已經對「覺得公司很糟但卻無法辭職的你」傳達了我想說的訊息。身為一名職醫和精神科醫師，我應該已經讓你知道「辭職比較好」、「辭職不像你所想的是那麼嚴重的事」，我衷心期盼，它們能成為你為了保護自己而得出的答案。

不過，還有一點。在此，我要換個角度，也說明一下「事實上不辭職真的比較好」的人。這種人就是「並不是真的想辭職，卻以為不能不辭職的人」。

他們雖然累積了一些經歷，但對工作沒信心，在某個情況下變得消沉、喪失自信，開始否定自我。「為了公司著想，我是不是辭職比較好？」、「我只會造成同事困擾，對公司來說，這樣的我一點意義都沒有」。在這種心情下，他們就有了想辭職的念頭。

這種類型的人是因為自我否定的情緒太強烈，被情緒帶著走，於是「好想辭職」。

如果你正符合這種情況，請冷靜下來，思考一下自己的狀況。

你的「好想辭職」，是不是一時被情緒沖昏頭所產生的想法？是不是一時起心動念，自暴自棄所以出現的結論？如果是這樣，那麼，你現在辭職還為時過早。

你對自己沒自信，或許只是遇到一個工作上的轉捩點。「發現自己不擅長的事」、「思考該怎麼做才能克服」能讓你進步。

「為了公司著想，我辭職比較好」，這種判斷只是缺乏自信所造成的迷思，其實周圍的人並不會這麼想。

任何工作都有理由和意義，只要你一直被交付工作，也就表示你有這個價值。

此外，你在目前這個公司裡，能做你「想做的工作」嗎？

如果你正在做你想做的工作，那最好不要辭職。現實中，很多上班族都「不知道什麼是想做的事」、「沒有想做的事」，或是「只將工作視為賺錢的手段」，但你若知道自己「想做的事」，能做「想做的工作」，就能帶來充實感與成就感。

並沒有多少人能夠找到這種工作環境。

當然，就算你在公司裡能做想做的事，但如果公司內的勞動條件明顯太過惡劣，同事間的關係又不好，我也建議你另尋新的職場。將「想做的工作」和「職場環境」擺在天秤上時，若「職場環境的負面元素」明顯比較重，那就不如離開，尋找新的工作場域。

你知道自己「想做的事」，也在職涯累積了經歷，所以請不要害怕，去尋找新的工作環境吧。

以上，是我給「最好不要辭職的人」的建議。

另一方面，本書想對話的主要對象，也就是被工作和職場人際關係逼迫得無法動彈的人，我想再一次跟你們確認**「人生不是一球定勝負」**的事實。

「人生失敗一次就完了」、「如果在這家公司沒辦法努力，無論去哪一家公司都一樣」，像這種陳腔濫調，卻看似真實的話，事實上一點根據也沒有。它們只是為了不讓你逃走的方便之辭罷了。

即使你在目前的公司拚命努力卻不順利，你還是可以按下重來一次的按鍵，不管按幾次都可以。在精神和肉體都處於緊繃狀態時，任何人都很容易落入「一旦辭職，人生就完了」的想法中，但這種想法是錯的。

你的健康與幸福才重要。我希望你能為了擁有健康的人生而做出正確的選擇。至於何謂正確的選擇——你都已經讀到這裡了，我應該不用重新再說一次吧。

如果你覺得「這家公司真的不能再待下去了」，請不要猶豫，按下重新開始鍵。這個按鍵，是你新人生的希望。

最後，我要向國分醫院的木下秀夫醫生表達深摯的謝意。醫生的工作不只是改善患者的症狀，而是包括預防，把焦點放在如何讓眼前的人感覺幸福。是他教會我這件事有多麼重要。

井上智介

參考文獻

① 《卡普蘭與薩達克的精神病學概要——行為科學與臨床精神病學》（*Kaplan and Sadock's Synopsis of Psychiatry: Behavioral Sciences / Clinical Psychiatry*），班傑明・薩達克（Benjamin James Sadock, M.D.）等人著，美國 Wolters Kluwer Health 出版。

② 《上班時，別演太多內心戲》，井上智介著，仲間出版。

③ 《剛剛好的不努力》，井上智介著，方言文化。

④ 《不執著》，蘇曼那沙拉（Alubomulle Sumanasara）著，日本角川出版社。

⑤ 《不讓情緒成為毒素的方法》，大平哲也著，日本青春出版社。

好想法 41

今天也不想上班
放下不安與糾結，擁抱想逃離職場的自己，喘口氣再出發

作　　者：井上智介
譯　　者：李靜宜
責任編輯：簡又婷
校　　對：簡又婷、林佳慧
封面設計：木木 Lin
內頁設計：Yuju
寶鼎行銷顧問：劉邦寧

發 行 人：洪祺祥
副總經理：洪偉傑
副總編輯：林佳慧
法律顧問：建大法律事務所
財務顧問：高威會計師事務所
出　　版：日月文化出版股份有限公司
製　　作：寶鼎出版
地　　址：台北市信義路三段 151 號 8 樓
電　　話：(02)2708-5509 ／傳　真：(02)2708-6157
客服信箱：service@heliopolis.com.tw
網　　址：www.heliopolis.com.tw
郵撥帳號：19716071 日月文化出版股份有限公司

總 經 銷：聯合發行股份有限公司
電　　話：(02)2917-8022 ／傳　真：(02)2915-7212
製版印刷：軒承彩色印刷製版股份有限公司
初　　版：2022 年 9 月
定　　價：300 元
I S B N：978-626-7164-34-1

國家圖書館出版品預行編目資料

今天也不想上班：放下不安與糾結，擁抱想逃離職場的自己，喘口氣再出發／井上智介著；李靜宜譯 . -- 初版 . -- 臺北市：日月文化出版股份有限公司，2022.09
240 面；14.7×21 公分 . --（好想法；41）
譯自：この会社ムリと思いながら辞められないあなたへ
ISBN 978-626-7164-34-1（平裝）

1.CST: 工作壓力 2.CST: 生活指導

176.54　　111011188

日月文化集團
HELIOPOLIS
CULTURE GROUP
客服專線 02-2708-5509
客服傳真 02-2708-6157
客服信箱 service@heliopolis.com.tw

廣告回函
台灣北區郵政管理局登記證
北台字第 000370 號
免貼郵票

日月文化集團 讀者服務部 收

10658 台北市信義路三段151號8樓

對折黏貼後，即可直接郵寄

日月文化網址：**www.heliopolis.com.tw**

最新消息、活動，請參考 FB 粉絲團

大量訂購，另有折扣優惠，請洽客服中心（詳見本頁上方所示連絡方式）。

大好書屋　寶鼎出版　山岳文化

EZ TALK　EZ Japan　EZ Korea

日月文化集團
HELIOPOLIS
CULTURE GROUP

感謝您購買 今天也不想上班：放下不安與糾結，擁抱想逃離職場的自己，喘口氣再出發

為提供完整服務與快速資訊，請詳細填寫以下資料，傳真至02-2708-6157或免貼郵票寄回，我們將不定期提供您最新資訊及最新優惠。

1. 姓名：＿＿＿＿＿＿＿＿ 性別：□男 □女
2. 生日：＿＿＿年＿＿＿月＿＿＿日 職業：
3. 電話：（請務必填寫一種聯絡方式）
（日）＿＿＿＿＿＿（夜）＿＿＿＿＿＿（手機）＿＿＿＿＿＿
4. 地址：□□□＿＿＿＿＿＿＿＿
5. 電子信箱：＿＿＿＿＿＿＿＿
6. 您從何處購買此書？□＿＿＿＿＿縣/市＿＿＿＿＿書店/量販超商
□＿＿＿＿＿網路書店 □書展 □郵購 □其他
7. 您何時購買此書？ 年 月 日
8. 您購買此書的原因：（可複選）
□對書的主題有興趣 □作者 □出版社 □工作所需 □生活所需
□資訊豐富 □價格合理（若不合理，您覺得合理價格應為＿＿＿＿）
□封面/版面編排 □其他＿＿＿＿＿＿
9. 您從何處得知這本書的消息：□書店 □網路／電子報 □量販超商 □報紙
□雜誌 □廣播 □電視 □他人推薦 □其他
10. 您對本書的評價：（1.非常滿意 2.滿意 3.普通 4.不滿意 5.非常不滿意）
書名＿＿＿ 內容＿＿＿ 封面設計＿＿＿ 版面編排＿＿＿ 文/譯筆＿＿＿
11. 您通常以何種方式購書？□書店 □網路 □傳真訂購 □郵政劃撥 □其他
12. 您最喜歡在何處買書？
□＿＿＿＿＿縣/市＿＿＿＿＿書店/量販超商 □網路書店
13. 您希望我們未來出版何種主題的書？＿＿＿＿＿＿
14. 您認為本書還須改進的地方？提供我們的建議？

好想法 相信知識的力量

the power of knowledge

寶鼎出版